LAUF DICH FIT
DAS KOCHBUCH

CHRISTIAN HENZE

*Köstliche Kochrezepte für Sportanfänger,
-wiedereinsteiger und -begeisterte.
Für die richtige Nährstoffversorgung beim und
die Regenerationsphase nach dem Sport.*

Spannender Mehrwert:
der neue Mengenrechner für unsere Kochbücher

+ Mengenangaben an Personenzahl anpassen
+ Einkaufszettel fürs Smartphone erstellen
+ Rezeptsuche nach Zutaten
+ Nährwertangaben zu allen Rezepten
+ präziser Kalorienverbrauchsrechner und persönlicher Diätplaner mit Tagesplänen
+ Favoritenliste und weitere Rezeptfilter

CHRISTIAN HENZE

LAUF DICH FIT
DAS KOCHBUCH

Vorwort
6

THEORIE

Meine Liebe zum Kochen und zum Sport
8

Jeder kann es schaffen
12

Trainingspläne
16

Wie ihr wieder in Bewegung kommt
20

REZEPTE

Frühstück
32

Salate
52

Suppen
76

Vegetarische Hauptgerichte
97

Hauptgerichte mit Fisch
113

Hauptgerichte mit Fleisch
134

Notfallsnacks
154

ANHANG

Vita
166

Dank
167

Register
168

VORWORT

Liebe Freunde des guten Essens und des Sports, drei Begriffe will ich in den Ring oder besser aufs Tablett werfen: Genuss, Gesundheit und Gefühl. Um diese drei Worte dreht sich vieles in meinem neuen Buch, das ich mit besonderer Freude für euch – unter Sportlern darf man sich ja duzen – geschrieben habe. Denn hier treffen sich zwei meiner größten Leidenschaften: das Essen und die sportliche Bewegung.

Was ich in diesem Buch für euch koche, hat immer mit Genuss, Gesundheit und Körpergefühl zu tun. Ich halte nicht allzu viel von Zwangsdiäten, bei denen man innerhalb kurzer Zeit eine zweistellige Kilogrammzahl an Gewicht verliert. Denn auf dem Weg dorthin sind meist eine große Portion Widerwillen, Frust und schlechte Laune dabei.

Nein, Leute, das ist nicht meine Philosophie von gesundem, zufriedenem Leben. Ich sage: Esst, wenn ihr Hunger habt, aber eben nicht einfach so. Und dann voller Genuss und langsam. Achtet gleichzeitig darauf, wann es genug ist. Wann das genau ist, darf jeder für sich entscheiden. Mahlzeiten nach

Stechuhr oder grammgenauer Waage sind für mich kein Weg. Und ganz wichtig: Ihr solltet alles in Maßen tun, aber auch konsequent – Essen, Sport, Abnehmen.

Meine Gerichte in diesem Buch basieren auf hochwertigen Zutaten. Und sie sollten regional sein, was für mich heutzutage gleichbedeutend mit bio ist. Apropos hochwertig: Nehmen wir das Ei. Das ist ein bedeutendes Nahrungsmittel. Immerhin entsteht daraus Leben. Ein Gourmet-Spiegelei mit Chorizo beispielsweise nach einer sportlichen Trainingseinheit – ich bin mir sicher, das wird für viele zum Genuss.

Ich bin selbst Hobbysportler, laufe gern und trainiere mehrmals in der Woche im Fitnessstudio. Aber bitteschön in Maßen und nie länger als 40 Minuten pro Einheit. Das habe ich schon als 17-Jähriger so gemacht. Für mich war immer wichtig, ein entsprechendes Körpergefühl zu bekommen. Sicherlich, den Schweinehund muss auch ich hin und wieder überwinden. Aber ganz ehrlich: Danach wird die körperliche Bewegung für mich zum Genuss. Diese Balance zwischen gut dosiertem Sport und ordentlichem Essen tut meiner Gesundheit gut.

Ach ja, da sind sie wieder, die Begriffe „Genuss", „Gesundheit" und „Gefühl", um die sich in meinem neuen Buch alles dreht.

Lasst euch darauf ein und ihr werdet sehen, dass eine kontinuierliche Gewichtsreduzierung funktioniert.

An dieser Stelle möchte ich ganz herzlich Tanja Arnold (Bayerischer Rundfunk) als Initiatorin des LAUF10!-Projekts und Professor Martin Halle (TU München), ebenfalls LAUF10!-Initiator und Partner für medizinische Fragen, sowie Tobias Kofferschläger (Bundestrainer der Deutschen 400-Meter-Staffel) für die Unterstützung bei der Entstehung dieses Buches danken.

Euer Christian Henze

Warum Kochtopf und Turnschuhe wichtig sind, wenn man wieder in Bewegung kommen will.

MEINE LIEBE ZUM KOCHEN UND ZUM SPORT

Keine Frage ist mir in meinem Leben wohl häufiger gestellt worden als die, wie es mir gelingt, als Koch schlank und in Form zu bleiben. Tatsächlich war das für mich nie ein Problem, obwohl auch ich die grundsätzliche Veranlagung habe zuzunehmen, wenn die Bilanz aus Kalorienaufnahme und -verbrauch bei mir nicht mehr stimmt.

Zum Glück habe ich aber auch einen ausgeprägten Bewegungsdrang, der mich dazu bringt, meinen Körper und meine Muskulatur zu fordern. So trainiere ich drei- bis viermal in der Woche etwa eine halbe Stunde. Zusammen mit dem richtigen Essen reicht das bei mir aus, um nicht nur fit, sondern auch kraftvoll zu bleiben.

Dabei habe ich immer größten Wert auf Genuss gelegt und merke selbst, dass echter Genuss eine der wichtigsten Voraussetzungen ist, um nicht zu viel zu sich zu nehmen. Das bedeutet nämlich auch, diszipliniert und nicht zu schnell zu essen – und schon gar nicht, einfach zwischen den Hauptmahlzeiten gedankenlos vier kalorienreiche Cappuccinos zu konsumieren. Auch sinnloses Weiteressen, wenn man eigentlich satt ist, stört den echten Genuss. Bewusst essen und bewusst genießen ist mir in Fleisch und Blut übergegangen. Ich überlege also jedes Mal, was ich wirklich essen will, denke daran, gut zu kauen, die verschiedenen Aromen bewusst wahrzunehmen. Zudem höre ich nach dem Essen in mich hinein, ob es mir gutgetan hat. Das alles klingt eigentlich selbstverständlich. Und wer sich daran hält, hat vermutlich auch keine Probleme mit seinem Gewicht.

„Food is Fuel", also „Essen ist Brennstoff", ist dabei ein ganz wichtiger Satz, den ich das erste Mal in den USA gehört habe. Unser Körper hat einerseits zwar sehr komplexe Anforderungen an die Nahrungsbausteine, um wirklich optimal zu funktionieren, andererseits ist es ganz einfach, wenn man ehrliche Freude an der Nahrung und am Essen entwickelt. Über den bewussten Genuss finden wir schnell auch zur Abwechslung, die genauso wichtig wie die Qualität der Nahrungsmittel selbst ist. Und da stehen für mich schon immer frische Nahrungsmittel im Vordergrund, die möglichst wenig industriell vorverarbeitet sind und nur kurze

Selbst kochen hat viel mehr mit dem Erfolg beim Sport zu tun, als die meisten Menschen glauben. Auch wenn der Blick hier erst mal skeptisch ausfällt: Kochen hilft nicht nur, die wichtigsten Nahrungsbausteine in ausreichender Menge zu bekommen, sondern wirkt mit den richtigen Rezepten gegen Übergewicht.

Transportwege hinter sich haben. Mit frischen, regionalen Produkten gelingt es dann sehr einfach, die komplexen Anforderungen des Stoffwechsels zu erfüllen. Die Regeln für richtiges Essen und optimale Bewegung habe ich schon vor Jahren für mich selbst festgelegt. Im Grunde ist alles ganz einfach – und es ist zudem gar nicht notwendig, unzählige Ernährungs- oder Sportratgeber zu lesen oder gar allen Trends hinterherzuhecheln.

In der vergangenen Zeit habe ich mit vielen bekannten Ärzten über Genuss und Gesundheit gesprochen. Die aktuell gültigen Regeln habe ich hier für euch zusammengefasst. Und die sind gar nicht schwierig:

- Mindestens dreimal pro Woche etwa 30 Minuten so bewegen, dass der Körper gefordert, aber nicht überfordert wird.

- Tagsüber ausreichend Wasser trinken, andere Getränke und vor allem Alkohol nur sehr begrenzt und bewusst konsumieren.

- Auf genug Proteine, also Eiweiß, achten, damit die Muskeln gut versorgt sind und Reparaturprozesse ablaufen können.

Bei moderatem Sport reicht 1 g pro Kilogramm Körpergewicht, wenn man älter wird bis zu 2 g pro Kilogramm.

- Keine Angst vor Fetten, aber auf hochwertige Öle und geeignete Öle zum scharfen Anbraten setzen! Wer abnehmen will, sollte etwas am Fett sparen. Zu wenig Fett ist schlecht für Leistung, Gedächtnis und Prozesse im Körper.

- Nicht Fett macht dick, sondern zu viele Kohlenhydrate. Diese sollten der Leistungsbilanz angepasst werden. Wer sich viel bewegt, darf auch mehr Kohlenhydrate essen. Kohlenhydrate kann der Körper selbst bilden, wenn er mal mehrere Tage keine bekommt.

- Zucker in kleinen Mengen stellt kein Problem dar, jagt aber den Insulinspiegel hoch – und das macht Lust auf mehr. Deshalb ist es ratsam, Zucker und alles, was ähnliche Folgen im Körper hat, also zum Beispiel Weißmehl, Stärke aus Kartoffeln, Nudeln, Reis, einzuschränken, wenn man abnehmen will. Nach wenigen Tagen hat man sich daran gewöhnt und wird mit deutlich weniger Heißhunger belohnt.

- Gemüse, Salat, Sprossen, Keime, Nüsse und Hülsenfrüchte essen die meisten Menschen allgemein zu wenig. Sie liefern wichtige Ballaststoffe. 35 g davon am Tag sind übrigens ein weltweit anerkannter Richtwert.

- Obst ist zwar sehr gesund, sollte jedoch nicht übermäßig auf dem Speiseplan stehen, weil es viel Fruchtzucker enthält.

- Möglichst wenig industriell verarbeitete Produkte essen, weil da vieles drin ist, was uns eventuell schaden kann. Also möglichst keine Fertiggerichte oder Produkte mit langen, unverständlichen Zutatenlisten verzehren. Ganz lassen sich verarbeitete Produkte nur schwer vermeiden, schließlich gehören auch Käse, Milch, Senf und Ketchup dazu. Hier gilt: je weniger, desto besser.

Wer sich an diese einfachen Regeln hält, bleibt nicht nur länger gesund, sondern unterstützt seinen Körper beim Muskelaufbau und vermeidet langfristig Übergewicht.

Für alle aber, die nach langer Zeit erst wieder fit werden müssen, habe ich in diesem Buch köstliche Rezepte zusammengestellt, die zukünftig helfen, mit viel Genuss alles richtig zu machen. Hier gilt es jetzt, beim Essverhalten umzudenken und wieder in Bewegung zu kommen.

Außerdem habe ich zwei bekannte Persönlichkeiten interviewt, die sich mit dem Wiedereintritt in die Bewegung und den Sport besonders gut auskennen. Mit Professor Martin Halle, Mitinitiator von LAUF10! von der Technischen Universität München, habe ich über gesundheitliche Aspekte und eventuelle medizinische Bedenken gesprochen und mit Tobias Kofferschläger, dem letzten Bundestrainer der deutschen 400-Meter-Staffel der Frauen, über Motivation, Ausrüstung und Trainingspläne, die man selbst erstellen kann. Allen, die mit dem Sport lange pausiert haben, empfehle ich, diese Interviews aufmerksam zu lesen.

Die Kochrezepte sind natürlich sowohl für erfahrene Sportler als auch für Anfänger geeignet – und keineswegs nur für Sportler!

Im Gespräch mit Prof. Dr. med. Martin Halle

JEDER KANN ES SCHAFFEN

Prof. Dr. med. Martin Halle, Ärztlicher Direktor des Zentrums für Prävention und Sportmedizin der TU München *„Jeder hat es selbst in der Hand, seine Gesundheit und Lebensqualität zu verbessern. Es ist nie zu spät, um anzufangen", erklärt der renommierte Präventivmediziner. Mit den Folgen von Bewegungsmangel ist er täglich konfrontiert – mit seinem Team untersucht er mehr als 10.000 Patienten pro Jahr.*

Bewegung und Sport sind die beste Prävention. Davon ist Prof. Dr. Halle fest überzeugt. Er ist Vorreiter von „Sport als Medizin" und dosiert körperliches Training wie ein Medikament („Sport auf Rezept"). Seine Mission, ob in der Ambulanz, in der „Abendschau" oder bei Vorträgen in Unternehmen: Menschen für einen gesunden, aktiven Lebensstil zu begeistern.

Als Sohn eines Sportlehrers war körperliches Training schon immer fester Bestandteil in seinem Alltag. Geboren 1962 in Bielefeld, machte er seine ersten Sporterfahrungen beim Fußball, am Reck im Garten sowie in der Schule. Beim Tischtennis schaffte er es als Jugendlicher bis zur Landesliga. Bei einem Auslandsaufenthalt als Schüler in den USA bewies er sich im Football.

Der Facharzt für Innere Medizin, Kardiologie und Sportmedizin leitet das größte Zentrum für Prävention und Sportmedizin und das führende für Sportkardiologie in Deutschland. International zählt er zu den profiliertesten Wissenschaftlern seines Forschungsgebiets – der Prävention und Rehabilitation von Herz-Kreislauf- und Krebserkrankungen durch eine gesunde Lebensweise.

Er ist verheiratet und Vater von drei Kindern.

Lieber Martin, was war die Initialzündung für LAUF10!?
Gemeinsam mit Tanja Arnold vom BR Fernsehen entstand die Idee, in Bayern eine Aktion zu starten, um die Gesundheit zu fördern. Zunächst gab es die Überlegung, Übergewichtige zum Marathon zu bringen, doch im ersten Gespräch wurde schnell klar, dass das medizinisch gesehen nicht die richtige Zielrichtung ist. Wieder mal 10 Kilometer zu gehen oder vielleicht laufen zu können, ist für viele in der Bevölkerung schon ein großes Ziel und das Training dafür absolut gesundheitsförderlich. So war schnell die Idee zu LAUF10! geboren. Wir wollten bisherige Sportmuffel unterstützen, es innerhalb von 10 Wochen von 0 auf 10 Kilometer Walken oder Laufen zu schaffen.

Was ist anders an LAUF10!?
LAUF10! unterscheidet sich dahingehend von anderen Präventionsprogrammen, dass es sich an komplett untrainierte und auch übergewichtige Personen richtet. Menschen mit Herz-Kreislauf-Risikofaktoren wie Diabetes und erhöhter Blutdruck werden ebenfalls angesprochen.

Der Trainingsplan ist ganz neu konzipiert. Vor allen Dingen wurden die Kenntnisse aus wissenschaftlichen Studien in das Programm integriert. Wesentlich sind kleine Einheiten, die täglich durchgeführt werden.

Hierbei geht es darum, das Verhalten zu verändern – unter dem Motto „Train the Brain". Auch Inhalte wie kleine Intervall-Trainingseinheiten mit Tripp-Trab-Laufen sind neu. Zudem ist die flächendeckende Umsetzung mit Sportvereinen in der Breite eine ideale Art, viele Menschen anzusprechen. Die Motivation über die Vereine und die Trainer ist herausragend gut. Zu Beginn der jährlichen LAUF10!-Aktion treffen sich alle etwa 300 Trainer im großen Hörsaal des Klinikums rechts der Isar in München. Dort instruieren wir sie zum LAUF10!-Trainingsprogramm, aber auch zu Prinzipien des Trainings, zu Laufschuhen, Bekleidung, Gesundheitseffekten und Trainingsinhalten wie Intervalltraining, Krafttraining und Tripp-Trab-Laufen. Ich leite diese Auftaktveranstaltung. Sie macht uns allen sehr viel Spaß, sie ist der zündende Funke für die zehnwöchige Aktion mit dem Bayerischen Rundfunk.

Du sagst: „Laufen kann jeden verjüngen."
Wissenschaftliche Erkenntnisse machen deutlich, dass sich nicht nur der Stoffwechsel durch Aktionen wie LAUF10! verbessert, sondern dass eben auch strukturelle Verbesserungen, vor allen Dingen des Herz-Kreislauf-Systems, möglich sind. Gefäße werden elastischer, das Herz ist entspannter, die Muskulatur wird aktiviert. Blutzucker-, Cholesterin- und Blutdruckwerte sowie das

Körpergefühl verbessern sich, das Gewicht sinkt – all das sind zellverjüngende Effekte.

Wer muss vorher zum Arzt?

Die ärztliche Untersuchung ist gerade bei der Zielgruppe von LAUF10! wichtig. Häufig wird bei Übergewichtigen erhöhter Blutdruck diagnostiziert, es gibt orthopädische Probleme oder Frühphasen eines Diabetes mellitus.

Was sagst du denjenigen, die zum Laufen zu schwer sind?

Das Trainingsprogramm ist vor allen Dingen auf Gehen, Nordic Walking und Tripp-Trab-Laufen ausgerichtet – drei Formen, die auch übergewichtige Menschen umsetzen können. Sind orthopädische Probleme umfänglicher, kommt nur das Walken infrage. Aber auch die Ergänzung des Koordinations- und Krafttrainings führt zu einer Verbesserung der orthopädischen Probleme.

Wer sollte die Finger vom Laufen lassen?

Menschen, die instabile Erkrankungen haben, sollten zunächst nicht an LAUF10! teilnehmen. Damit ist gemeint, dass aufgrund überschießender Blutdruckwerte oder nach einem Herzinfarkt oder einer Krebserkrankung Phasen vorhanden sind, in denen der Körper insgesamt geschwächt ist. Dann sollte LAUF10! nicht an oberster Stelle stehen. Ist allerdings eine Verbesserung eingetreten, eine Erholung erfolgt, kann auch an LAUF10! teilgenommen werden. So haben auch Patienten mit Diabetes, nach einem Herzinfarkt oder einer Knochenmarkstransplantation bereits als Protagonisten an LAUF10! teilgenommen. Dann ist natürlich eine enge medizinische Betreuung notwendig.

Wie hilft Laufen beim Gesundwerden und -bleiben?

Bewegung allgemein kann die Zellalterung hemmen. Es sind Faktoren eingeschlossen, die den genetischen Code ebenso wie Stoffwechsel- oder funktionelle Parameter beinhalten. Durch körperliches Training werden Stammzellen aus dem Knochenmark und Muskelhormone aus der Muskulatur mobilisiert – bei jeder Aktivität, aber vor allem bei höherer Intensität. Das Ergebnis: positive Veränderungen im Körper – die Regeneration der Gehirnleistung, die Aktivierung des Leberstoffwechsels, die Verbesserung der Elastizität der Gefäße und des Herzmuskels und viele weitere Effekte.

Warum sind 10 Wochen eine gute Zeit?

Nach 10 Wochen sind Gewohnheiten verändert, 4 Wochen später sind sie stabilisiert. Deshalb sind 10 Wochen durchaus eine gute Zeitspanne. Dann sind auch Effekte zu erzielen, die eine grundlegende positive Wandlung zeigen.

Wie wichtig ist Essen für den Erfolg?

Das richtige Essen ist von ebenso großer Bedeutung wie das Training, vor allem für Übergewichtige.

Eine Gewichtsabnahme kann nur durch Kalorienreduktion erfolgen. Hier ist die Aufnahme von weniger kalorienreichen Getränken und Speisen sehr sinnvoll. Blutzucker- und Insulinspitzen sind zu vermeiden.

Wenn Krafttraining integriert wird, ist eine eiweißreiche Ernährung wichtig.

Was sagst du Interessierten, um sie zu motivieren?
Motivation kommt auch darüber, dass man sich mit Freunden und Nachbarn verabredet und dass das Training in den Alltag integriert wird, zum Beispiel vor dem Frühstück oder in der Mittagspause. Die soziale Komponente ist ganz entscheidend. Ich versuche, pro Woche mindestens zwei- bis dreimal zu laufen, lege in München fast alle Strecken mit dem Fahrrad zurück und halte mich so fit. Für Einsteiger habe ich ein neues Programm ins Leben gerufen: „7 Fit – fit in 7 Wochen mit 7 Minuten am Tag". Weitere Informationen dazu gibt es unter **www.sport.mri.tum.de.**

Lieber Martin, ich danke dir für das Gespräch!

Die Trainingspläne – für Ungeübte und Fortgeschrittene – von Prof. Dr. Martin Halle findet ihr auf den nächsten Seiten.

Mehr Infos zu LAUF10! unter: **www.abendschau.de/lauf10**

Mosaik Verlag

Erhältlich als:
Taschenbuch
160 Seiten
ISBN-13 978-3-44239-262-9
10,00 €

E-Book
ASIN 3442392624
8,99 €

Weitere Informationen auch unter:
www.sport.mri.tum.de, www.professor-halle.de

10-Wochen-Plan
FÜR UNGEÜBTE

Woche	MO	DI	MI	DO	FR	SA	SO
1 Reinkommen, jeden Tag Training, Regelmäßigkeit	10' Walken, locker (spazieren)	10' Walken, locker (spazieren)	10' Walken, locker (spazieren)	5–10' Walken, locker	5–10' Walken, locker	5–10' Walken, locker	10' Ruhetag: Relax
2 Verlängerung Trainingszeit, Beginn Krafttraining	15' Walken, locker	5' Ruhetag: Kraft	15' Walken, locker	20' Walken, locker	15' Walken, locker	20' Walken, locker	15' Ruhetag: Relax
3 Einführung zügiges Walken	15' Walken, locker	7' Ruhetag: Kraft	20' Walken, locker	20' Ruhetag: Relax	5' Walken, zügig	25' Walken, locker	20' Ruhetag: Relax
4 Verlängerung zügiges Walken	10' Walken, zügig	7' Ruhetag: Kraft	25' Walken, locker	20' Ruhetag: Relax	10' Walken, zügig	30' Walken, locker	30' Ruhetag: Relax
5 Einführung Tripp-Trab-Laufen	15' 5' Walken, 1' Laufen, 2' Walken, 1' Laufen, 6' Walken	15' Ruhetag: Kraft	30' Walken, locker	20' Ruhetag: Relax	15' Walken, zügig	20' 5' Walken, 3 × [1' Laufen, 2' Walken], 6' Walken	30' Walken, locker
6 Verlängerung der Laufzeit	25' 10' Walken, 3 × [1' Laufen, 2' Walken], 6' Walken	15' Ruhetag: Kraft	35' Walken, locker	20' Ruhetag: Relax	20' Walken, zügig	30' 10' Walken, 3 × [2' Laufen, 3' Walken], 5' Walken	40' Walken, locker

Bitte ankreuzen:

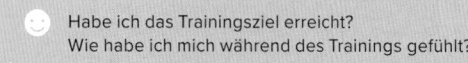

Habe ich das Trainingsziel erreicht?
Wie habe ich mich während des Trainings gefühlt?

Habe ich mich gesund und kalorienbewusst ernährt?

Kraft bedeutet eine Trainingseinheit mit Kraftübungen.
Relax bedeutet, sich explizit für Entspannung Zeit zu nehmen.
Laufen bedeutet Tripp-Trab-Laufen.

Für Ungeübte

Trainingsplan entwickelt von © **Prof. Dr. Martin Halle**

Woche	MO	DI	MI	DO	FR	SA	SO
7 Intensivierung Tripp-Trab-Laufen	30' — 10' Walken, 3 × [2' Laufen, 3' Walken], 5' Walken	15' — Ruhetag: Kraft	40' — Walken, locker	20' — Ruhetag: Relax	25' — Walken, zügig	35' — 10' Walken, 3 × [3' Laufen, 4' Walken], 4' Walken	50' — Walken, locker
8 Verlängerung/ Intensivierung des Trainings	35' — 10' Walken, 3 × [3' Laufen, 4' Walken], 4' Walken	20' — Walken, zügig	50' — Walken, locker	20' — Ruhetag: Relax	30' — Walken, zügig	40' — 10' Walken, 3 × [4' Laufen, 4' Walken], 6' Walken	60' — Walken, locker
9 Weitere Verlängerung/ Intensivierung des Trainings	35' — 10' Walken, 3 × [3' Laufen, 4' Walken], 4' Walken	25' — Walken, zügig	70' — Walken, locker	20' — Ruhetag: Relax	35' — Walken, zügig	50' — 10' Walken, 4 × [4' Laufen, 3' Walken], 12' Walken	80' — Walken, locker
10 Weitere Verlängerung/ Intensivierung des Trainings	50' — 10' Walken, 4 × [5' Laufen, 3' Walken], 8' Walken	30' — Walken, zügig	90' — Walken, locker	20' — Ruhetag: Relax	45' — Walken, zügig	50' — 10' Walken, 4 × [4' Laufen, 3' Walken], 12' Walken	80' — Walken, locker
Zusätzliche Vorbereitungs- zeit für den Abschlusslauf	40' — 10' Walken, 3 × [4' Laufen, 4' Walken], 6' Walken	30' — Walken, zügig	45' — Walken, zügig	20' — Ruhetag: Relax	**LAUF10!** Abschlusslauf — 5 km Walken, zügig, dann im Wechsel 1 km Laufen, 1 km Walken — ca. 120'	10' — Walken, locker (spazieren)	30' — Walken, locker

Woche		1	2	3	4	5	6	7	8	9	10
Gewicht (kg)											
Bauchumfang* (cm)											

* Bauchumfang wird beim Ausatmen in der Mitte zwischen Rippenbogen und Beckenschaufel an der Seite gemessen. Also nicht unbedingt am Bauchnabel.

Weitere Infos unter: **abendschau.de**

10-Wochen-Plan
FÜR FORTGESCHRITTENE

Woche	MO	DI	MI	DO	FR	SA	SO
1 Reinkommen, jeden Tag Training, Regelmäßigkeit	10' Walken, locker	10' Walken, locker	10' Walken, locker	10' Walken, zügig	15' Walken, locker	15' Walken, locker	15' Walken, locker
2 Langsame Steigerung durch Verlängerung/Intensivierung	15' Walken, zügig	15' Walken, zügig	20' Walken, zügig	15' Ruhetag: Kraft	20' Walken, zügig	20' Walken, zügig	15' Ruhetag: Relax
3 Einführung Laufen	18' 5' Walken, 2 × [2' Laufen, 2' Walken], 5' Walken	25' Walken, zügig	25' Walken, zügig	15' Ruhetag: Kraft	25' Walken, zügig	18' 5' Walken, 2 × [2' Laufen, 2' Walken], 5' Walken	30' Ruhetag: Relax
4 Intensivierung des Laufens	22' 5' Walken, 3 × [2' Laufen, 2' Walken], 5' Walken	30' Walken, zügig	22' 5' Walken, 3 × [2' Laufen, 2' Walken], 5' Walken	15' Ruhetag: Kraft	30' Walken, zügig	26' 5' Walken, 4 × [2' Laufen, 2' Walken], 5' Walken	30' Ruhetag: Relax
5 Intensivierung des Laufens	30' 5' Walken, 4 × [3' Laufen, 2' Walken], 5' Walken	15' Ruhetag: Kraft	40' Walken, zügig	20' Ruhetag: Relax	35' Walken, zügig	30' 5' Walken, 4 × [3' Laufen, 2' Walken], 5' Walken	60' Walken, locker
6 Verlängerung der Laufzeit	34' 5' Walken, 4 × [4' Laufen, 2' Walken], 5' Walken	15' Ruhetag: Kraft	45' Walken, zügig	20' Ruhetag: Relax	35' Walken, zügig	34' 5' Walken, 4 × [4' Laufen, 2' Walken], 5' Walken	80' Walken, locker

Bitte ankreuzen:

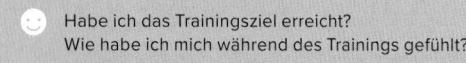

Habe ich das Trainingsziel erreicht? Wie habe ich mich während des Trainings gefühlt?

Habe ich mich gesund und kalorienbewusst ernährt?

Kraft bedeutet eine Trainingseinheit mit Kraftübungen.
Relax bedeutet, sich explizit für Entspannung Zeit zu nehmen.
Laufen bedeutet Tripp-Trab-Laufen.

Für Fortgeschrittene

Trainingsplan entwickelt von © **Prof. Dr. Martin Halle**

Woche	MO	DI	MI	DO	FR	SA	SO
7 Intensivierung des Laufens, langsames Joggen aufnehmen	38' — 5' Walken, 4 × [5' Joggen, 2' Walken], 5' Walken	15' — Ruhetag: Kraft	38' — 5' Walken, 4 × [5' Joggen, 2' Walken], 5' Walken	20' — Ruhetag: Relax	40' — Walken, zügig	38' — 5' Walken, 4 × [5' Joggen, 2' Walken], 5' Walken	100' — Walken, locker
8 Verlängerung/ Intensivierung des Trainings mit Joggen	42' — 5' Walken, 4 × [6' Joggen, 2' Walken], 5' Walken	30' — Walken, zügig	42' — 5' Walken, 4 × [6' Joggen, 2' Walken], 5' Walken	20' — Ruhetag: Kraft	45' — Walken, zügig	42' — 5' Walken, 4 × [6' Joggen, 2' Walken], 5' Walken	120' — Walken, locker (ungefähr 10 km)
9 Weitere Verlängerung/ Intensivierung des Trainings – Jogging	42' — 5' Walken, 4 × [7' Joggen, 1' Walken], 5' Walken	40' — Walken, zügig	42' — 5' Walken, 4 × [7' Joggen, 1' Laufen], 5' Walken	20' — Ruhetag: Kraft	50' — Walken, zügig	46' — 5' Walken, 4 × [8' Joggen, 1' Laufen], 5' Walken	100' — Walken, zügig (ungefähr 10 km)
10 Weitere Verlängerung/ Intensivierung des Trainings	50' — Walken, locker	50' — 5' Walken, 4 × [8' Joggen, 2' Laufen], 5' Walken	46' — 5' Walken, 4 × [8' Joggen, 1' Laufen], 5' Walken	20' — Ruhetag: Kraft	46' — 5' Walken, 4 × [8' Joggen, 1' Laufen], 5' Walken	20' — Ruhetag: Relax	100' — Walken, zügig (ungefähr 10 km)
Zusätzliche Vorbereitungszeit für den Abschlusslauf	50' — 5' Walken, 4 × [8' Joggen, 2' Laufen], 5' Walken	46' — 5' Walken, 4 × [8' Joggen, 1' Laufen], 5' Walken	50' — Walken, zügig	20' — Ruhetag: Relax	**LAUF10!** Abschlusslauf 2 km Walken, dann im Wechsel 2 km Joggen, 1 km Laufen — ca. 80'–90'	10' — Walken, locker (spazieren)	30' — Walken, locker

Woche	1	2	3	4	5	6	7	8	9	10
Gewicht (kg)										
Bauchumfang* (cm)										

* Bauchumfang wird beim Ausatmen in der Mitte zwischen Rippenbogen und Beckenschaufel an der Seite gemessen. Also nicht unbedingt am Bauchnabel.

Weitere Infos unter: **abendschau.de**

Im Gespräch mit Tobias Kofferschläger

WIE IHR WIEDER IN BEWEGUNG KOMMT

Tobias Kofferschläger, Diplom-Trainer des Deutschen Olympischen Sportbundes

Die sportlichen Gene wurden ihm 1970 in die Wiege gelegt. Bereits seine Mutter als Deutsche Meisterin im Waldlauf sowie der Vater mit einer Bestzeit im Marathon von 2:17 Stunden waren erfolgreiche Leichtathleten. Er selbst machte in seiner Jugend als 3.000-Meter-Hindernisläufer auf sich aufmerksam, was ihn 1989 in das Finale der Junioren-Europameisterschaften brachte. Ab 1992 startete er im Duathlon, in dem er 1994 bei der Europameisterschaft für den Nationalkader antrat.

Beruflich schlug er ab 1995 die Trainerlaufbahn ein – zunächst als Leichtathletiktrainer und Personal Coach, bis 1999 die Anfrage der Deutschen Triathlon Union kam. Hier betreute er als verantwortlicher Bundestrainer „Lauf" die A-Nationalmannschaft bis zu den Olympischen Spielen 2000 in Sydney. Dann zog es ihn jedoch wieder zu seiner alten Liebe „Leichtathletik" zurück.

2008 erfolgte die Berufung zum verantwortlichen Bundestrainer der A-Nationalmannschaft im Bereich „400-Meter-Lauf der Frauen", die er bis Ende 2018 ausübte. Seit Januar 2019 ist er als Leistungssportkoordinator in NRW tätig und betreut zudem Kadersportler beim TSV Bayer 04 Leverkusen.

Tobias, du hast bis vor Kurzem die deutsche Laufelite, unsere 400-Meter-Damenstaffel, trainiert. Was meinst du: Was kann ein völlig unsportlicher Wiedereinsteiger in 10 Wochen mit der richtigen Bewegung und Ernährung erreichen?

Eine Frage, die mir oft direkt am Anfang gestellt wurde, wenn ich Leute zum ersten Mal gecoacht und ihre ersten Trainingspläne erstellt habe. Natürlich kann man aus Erfahrungswerten eine gewisse Prognose ableiten. Hierzu jedoch eine pauschale Aussage zu treffen, die für jeden zutrifft, wäre absolut unseriös. Denn das Training und die Motivation jedes Einzelnen entwickeln sich in diesem Zeitraum wirklich zu unterschiedlich.

Eines kann ich aber jedem versprechen: Nach den 10 Wochen, in denen sich jemand regelmäßig bewegt und sich zudem mit leckeren, durchdachten Gerichten auch noch gut ernährt, wird derjenige sich deutlich fitter fühlen. Und vermutlich auch deutlich leichter.

Wie der Titel schon sagt, ist das Ziel dieses Buches, nach 10 Wochen 10 Kilometer zu schaffen. Und zwar so, dass man Freude daran hat. Ziel sollte dabei sein, dass man diese 10 Wochen lediglich als Startschuss sieht, um sich auch zukünftig regelmäßig zu bewegen.

Jeder Teilnehmer wird erleben, dass auch Anstrengung Freude machen kann. Nämlich genau dann, wenn er merkt, dass er seine Leistungsfähigkeit steigert. Ob diese 10 Kilometer strammen Schrittes, laufend mit einigen Gehpausen oder sogar komplett laufend absolviert werden, ist letztendlich zweitrangig. Hier geht es vor allem um einen persönlichen Fortschritt.

Woher weiß ein Teilnehmer, dass er dafür fit genug ist?

Bevor es richtig losgeht, sollte man sicherstellen, dass es keine gesundheitlichen Bedenken bezüglich sportlicher Aktivitäten gibt. Hierzu empfehle ich grundsätzlich immer einen Check-up beim Hausarzt. So einen Gesundheitscheck verordne ich übrigens auch allen meinen betreuten Leistungssportlern einmal jährlich. Man sollte seinem Arzt von dem Plan erzählen, dieses 10-Wochen-Programm zu absolvieren.

Um ein Gefühl zu bekommen, wohin in den nächsten 10 Wochen die Reise gehen kann, sollte man sich dann einer persönlichen Bestandsaufnahme unterziehen. Keine Sorge, es geht nicht um einen Testlauf auf dem Sportplatz. Aber man sollte hierbei einfach ehrlich zu sich selbst sein und versuchen einzuschätzen, welches Leistungsniveau man etwa hat: Fühlt man sich nach einem 25-minütigen Spaziergang ausgelastet oder sind vielleicht bereits jetzt 30 Minuten Jogging denkbar?

In diesem Buch sind Trainingsempfehlungen für unterschiedliche Ausgangsniveaus zusammengestellt. Aber jeder kann sich steigern – egal, wie er beginnt.

Du hast viel als Personal Trainer gearbeitet. Was empfiehlst du, um Ziele an die persönlichen Möglichkeiten anzupassen?

Die erreichbaren Ziele hängen in erster Linie von den persönlichen Voraussetzungen ab. Hierzu zählen neben körperlichen

Gegebenheiten auch Faktoren wie das verfügbare Zeitbudget.

Die Frage ist auch, ob der innere Schweinehund eher eine ausgewachsene Dogge oder ein Zwergpinscher ist.

Deshalb sollte jeder versuchen, sich unabhängig von unserem 10-Wochen-Programm auch im Alltag regelmäßig zu bewegen. Manchmal sind es Kleinigkeiten, die in der Summe durchaus ihre Wirkung haben. Muss es immer der Aufzug sein oder kann man auch mal eine oder mehrere Etagen laufen? Braucht man für den Weg sonntags zum Bäcker wirklich das Auto oder reicht das Fahrrad? Bereits kleine Belastungen mehrmals am Tag zeigen bei Untrainierten schnell Wirkung.

Welche Ausrüstung braucht man eigentlich für das 10-Kilometer-Projekt?

Auch wenn das Internet mit seinen unzähligen Onlineshops eine schier grenzenlose Auswahl an Laufschuhen zu günstigen Preisen bereithält, rate ich dringend dazu, Schuhe im Fachhandel zu erwerben. Ein seriöser Händler wird sich die körperliche Konstitution ansehen, eventuelle Fußfehlstellungen erkennen und anhand dieser Erkenntnisse entsprechende Modelle zur Auswahl stellen, die passen. Es ist absolut üblich, dass man Schuhe auch einige Meter probelaufen kann. Natürlich muss es nicht immer das aktuellste Modell sein. Häufig verändert sich zum Vorjahr nur die Farbe. Bitte die Wahl NICHT nach dem Aussehen des Schuhs treffen oder unbedingt farblich passend zum restlichen Outfit! Der Schuh muss zu den Füßen passen!

Bei der Bekleidung darf man schon eher persönlichen Vorlieben nachgeben. Grundsätzlich sollte man sich in der Sportkleidung wohlfühlen. Hierbei spielt es zunächst keine Rolle, ob das das geliebte Sweatshirt und die Jogginghose aus Baumwolle ist oder doch die modernste Funktionskleidung.

Ich kann versichern: Auch vor 40 Jahren, als Hightechfasern in der Sportkleidung noch nicht wirklich verbreitet waren, konnten Menschen sehr schnell laufen.

Aber natürlich hat funktionelle Kleidung ihre Berechtigung. So kann sie helfen, sich bei der sportlichen Aktivität wohler zu fühlen und den Einstieg zu erleichtern. Jeder, der einmal mit einem Jogginganzug aus Baumwolle in einen kräftigen Regenschauer gekommen ist, kennt das Gefühl, eine Bleiweste am Körper zu tragen. Eine leichte, atmungsaktive Jacke kann hier absolut hilfreich sein. Auch vermeiden etwas enger anliegende Hosen, dass man sich unangenehme Scheuerstellen läuft.

Hinsichtlich der Ausstattungsinvestitionen haben am Ende aber nur vernünftige Schuhe oberste Priorität.

Was sagst du zu GPS-Uhren, Herzfrequenzmessgeräten, Fitnesstrackern etc.?

Einer der größten Vorteile des Laufens ist, dass man es grundsätzlich überall betreiben kann – ohne umfangreiches Equipment oder besondere Rahmenbedingungen. Schuhe an und los! Natürlich macht es besonders viel Spaß, wenn die Umgebung passend ist. Aber ich habe meine Athleten schon an den unterschiedlichsten Orten trainiert. So wurde beispielsweise kurzfristig das weitläufige Terminal eines internationalen Flughafens genutzt, um die Zeit aufgrund einer Flugverspätung sinnvoll zu nutzen. Prinzipiell gibt es bei den Profis keine Ausreden. So sollte man es auch mit sich selbst abmachen.

Nun gehöre ich zu der Kategorie Männer, die höchst anfällig für jeglichen technischen Schnickschnack sind, den die Welt eigentlich nicht braucht. Früher habe ich mir vor entsprechenden Anschaffungen Begründungen zurechtgelegt, warum es genau dieses Gadget sein muss – und sie teilweise selbst geglaubt. Mittlerweile bin ich aus dem Alter raus und kaufe mir diese Spielzeuge, wenn ich Spaß daran habe. Wohl wissend, dass man all diese Dinge keinesfalls zwingend benötigt.

Sollte man eine ähnliche Affinität wie ich für technisches Spielzeug haben, können die oben genannten Geräte durchaus hilfreich sein. GPS-Uhren geben mittlerweile genau Auskunft über die Geschwindigkeit und die zurückgelegte Strecke. Allerdings bietet der Markt eine Vielzahl von Programmen für Smartphones an, die einen ähnlichen Funktionsumfang bieten. Somit ist eine separate Anschaffung aus meiner Sicht nicht unbedingt notwendig.

Und was ist für den Anfänger besser: allein oder in der Gruppe laufen?

Zurück zur Dogge und zum Zwergpinscher: Wenn es jemandem schwerfällt, sich allein aufzuraffen, sollte er sich mit Gleichgesinnten verabreden, um das Training unter der Woche an fixen Terminen durchzuziehen. Gut wäre, Arbeitskollegen, Freunde oder Familienmitglieder zu motivieren, ebenfalls das 10-Wochen-Programm zu absolvieren. Besonders in den Wintermonaten, in denen es häufig nicht möglich ist, mit Tageslicht zu trainieren, kann eine gemeinsame Einheit vieles erleichtern. Zudem sind 8 Grad und Regen gar nicht mehr so schlimm, wenn man nicht allein unterwegs ist. Denn selbst nach einem langen Arbeitstag will man seinem Laufpartner doch nicht kurzfristig absagen, oder? Und das Gefühl, die Einheit gemeinsam durchgezogen zu haben, ist umso schöner.

Natürlich bedeutet Laufen in der Gruppe auch, dass sich ein Teil anpassen muss. Grundsätzlich gilt, dass sich der Leistungsstärkere dem Leistungsschwächeren anzupassen hat. Also sollte man im Vorfeld unmissverständlich absprechen, welche Geschwindigkeit und Streckenlänge in dieser Trainingseinheit gelaufen werden soll.

Bei deutlich ungleich starken Teilnehmern kann es hilfreich sein, dass man die Trainingseinheit in mehrere Abschnitte unterteilt und beispielsweise nur den ersten Abschnitt gemeinsam läuft. Im zweiten Abschnitt ist dann jeder in seiner individuellen Geschwindigkeit unterwegs, bevor man im letzten Abschnitt die Einheit wieder gemeinsam beendet. Einer wartet dann halt ein wenig.

Dein Credo als Coach ist: „Nie überfordern, aber raus aus der Komfortzone!"

Jedem dürfte vermutlich klar sein, dass eine Überforderung – in welcher Situation auch immer – selten produktiv ist. Das gilt definitiv auch für das 10-Wochen-Programm in diesem Buch.

Aber neue Herausforderungen sind das Salz in der Suppe, wenn es darum geht, die eigene Leistungsfähigkeit zu verbessern. Hierbei kommen wir nicht umhin, uns aus bekannten Verhaltensmustern zu lösen und uns aus der berühmt-berüchtigten Komfortzone herauszubewegen. Der Mensch ist ein Gewohnheitstier. Er gewöhnt sich an die Reize, denen er ausgesetzt wird, und sieht keinen Grund, großartig mehr zu machen, als nötig ist.

Hierzu eine kurze Anekdote am Rande: Eine guter Bekannter bat mich, ihm ein paar Tipps hinsichtlich seines Lauftrainings zu geben, da er trotz seines umfangreichen Trainings bei Volksläufen keine Verbesserung mehr erzielte. Ein Blick in seine Aufzeichnungen zeigte mir, dass er in der Tat sehr fleißig war. Nahezu täglich schnürte er seine Laufschuhe und spulte sein Programm ab. Das Problem war, dass es nahezu jeden Tag dasselbe war. Fast immer dieselbe Runde in einer nahezu identischen Geschwindigkeit. Eigentlich benötigte er gar keine Stoppuhr mehr, um zu wissen, wie lange er unterwegs war. An diesen Reiz hatte sich der Körper gewöhnt und konnte ihn täglich abrufen. Aber auch nur geringfügig schneller zu laufen (wie im Volkslauf gewünscht) war nicht möglich. Warum? Weil der Körper es nicht gewohnt war, es also nicht geübt hatte. Einige wenige

Korrekturen beziehungsweise Variationen im Wochenprogramm hinsichtlich Streckenlänge und Geschwindigkeit reichen aus, um einen Leistungsfortschritt zu erzielen.

Wenn man sich also verbessern will (und das ist der Plan in den nächsten 10 Wochen), muss man dem Körper Reize anbieten, die er noch nicht kennt. Hierbei geht es nicht darum, nach jeder Trainingseinheit fix und fertig zu sein, aber man darf durchaus mal aus der Puste kommen. Anstrengung ist nicht ungesund – vorausgesetzt, man hat keine wesentlichen Vorerkrankungen.

Und wie soll man es halten, wenn es mit dem Training mal nicht klappt?
Es gibt kaum einen Ort, der das Laufen oder Gehen unmöglich macht. Selbst die Ausrede mit dem schlechten Wetter ist in Zeiten von Funktionskleidung, Stirnlampen und sonstigen kleinen Helfern keine wirklich gültige. Ebenso werden die wenigsten vermutlich in Temperaturbereichen trainieren, bei denen ein moderates Ausdauertraining bedrohlich wäre, also in extremer Hitze oder Kälte.

Die Trainingsampel springt jedoch direkt auf Rot, wenn man krank ist und beispielsweise einen Infekt hat. Hier gibt es keinen Spielraum für Interpretationen. Dann ist Trainingspause angesagt. Punkt! Kein Trainingsplan dieser Welt ist es wert, sich womöglich aus falschem Ehrgeiz eine lebensbedrohliche Erkrankung des Herzmuskels einzufangen.

Und was empfiehlst du, wenn es schmerzt?
Wir alle kennen das Gefühl, wenn es hier und da einmal zwickt. Eine unglückliche Bewegung auf der Arbeit oder in der Freizeit – und der Rücken meldet sich zu Wort. Einen Tag lang besonders schicke Schuhe, die man lange nicht getragen hat, und die Füße tun merklich weh. Hier geht es nun allerdings um Schmerzen, die gegebenenfalls unmittelbar mit der sportlichen Betätigung zusammenhängen. Zu bedenken ist, dass sich nicht nur das Herz-Kreislauf-System an die neuen Reize gewöhnen muss, sondern auch der gesamte Bewegungs- und Stützapparat. In erster Linie sind es die Füße und Knie, denen eine besondere Bedeutung zukommt. Sollten also im orthopädischen Sinn Probleme auftreten, gilt es, sensibel zu sein und die Signale nicht zu ignorieren.

Man sollte versuchen einzugrenzen, wann und wie sich die Probleme darstellen. Treten sie eher zu Beginn der Trainingseinheit auf, erledigen sich jedoch mit zunehmender Dauer, reichen meist wenige Mobilisationsübungen vor dem Start, um sie in den Griff zu bekommen. Solche Übungen sind übrigens grundsätzlich zu empfehlen.

Treten die Probleme mit zunehmender Dauer des Trainings auf, ist von einer aktuellen Überlastung der betroffenen Strukturen auszugehen. Hier ist dann von ärztlicher Seite abzuklären, ob Vorschädigungen vorliegen. Also ebenfalls bitte nicht einfach ignorieren und weitermachen, sondern die Belastungsreize reduzieren!

Deine Athlet(inn)en haben kein Gramm Fett zu viel. Wie wichtig ist das Abnehmen, um besser zu werden?
Ich empfehle folgenden Test: einen Rucksack mit sechs Flaschen Wasser füllen und

mit diesem Rucksack in einem Treppenhaus zügig in den fünften Stock laufen. Oben angekommen, den Aufzug zurück ins Erdgeschoss nehmen. Nun wird dieser Test wiederholt – allerdings bleibt der Rucksack unten am Aufzug stehen. Was fällt dann auf?

Dieser natürlich nicht ganz ernst gemeinte Selbstversuch soll zeigen, dass eine Veränderung des Kraft-Last-Verhältnisses einen erheblichen Einfluss auf die Leistungsfähigkeit hat. Soll heißen, dass jedes Kilo, das man nicht mitschleppen muss, einen dem 10-Wochen-Ziel einen Schritt näher bringt. Wer jetzt auf die Idee kommt und sagt: „Prima, dann esse ich jetzt einfach nichts mehr.", den muss ich enttäuschen. Denn ohne Benzin im Tank fährt selbst der schnellste Sportwagen nicht weit.

Es kommt also darauf an, mit Sinn und Verstand Gewicht zu reduzieren – und nicht irgendwie. Womit wir wieder bei deinen köstlichen Rezepten wären: das richtige Essen – und vor allem mit Genuss. Dahinter steckt ein komplexes System.

Entscheidend ist die Reduktion von Körperfett und nicht von Muskulatur. Denn diese benötigt jeder, um die Leistungsfähigkeit zu verbessern. Die Muskulatur ist zudem der Motor, der letztendlich dafür sorgt, dass man seinen täglichen Grundumsatz an Kalorien ankurbelt. Ein erhöhter Grundumsatz sorgt wiederum dafür, dass man leichter eine negative Kalorienbilanz erzielt. Und die ist notwendig, um Gewicht zu reduzieren.

Aber deshalb ist keineswegs Selbstkasteiung gefordert. Eine konsequente, moderate sportliche Bewegung mit fortlaufender Steigerung und gesundes, gutes Essen, das schmeckt und satt macht, reichen bereits innerhalb von 10 Wochen, um wirkungsvoll abzunehmen.

Was empfiehlst du, wenn es mal nicht mehr vorwärtsgeht?

Es kann durchaus vorkommen, dass man das Gefühl hat, sich irgendwie nicht weiter zu verbessern, obwohl man sich doch brav an die Trainingsempfehlungen gehalten hat. Tritt dieses Gefühl ein, sollte man zunächst für sich klären, ob Situationen außerhalb des eigentlichen Trainings besonders belastend waren. Hat man in der letzten Zeit zu wenig oder schlecht geschlafen? War die Ernährung ungünstig? Hatte man eventuell deutlich mehr Stress im Job oder in der Familie als üblich? All diese Faktoren müssen als kleine Mosaiksteine betrachtet werden, die im Einzelnen nicht direkt eine große Auswirkung haben, jedoch in der Summe dazu führen können, dass die körperliche Leistungsfähigkeit sinkt oder gar rückläufig ist.

Ein zentraler Punkt ist der Gesundheitsstatus. Ist ein leichter Infekt im Anmarsch, den man als solchen nur noch richtig wahrnimmt? Final kann das sicherlich nur ein Arzt klären. Jedoch gibt es eine einfache Möglichkeit zu prüfen, also einen kurzen Vorabcheck zu machen: der Ruhepuls. Veränderungen der Herzfrequenz nach oben sind in der Regel ein Indiz dafür, dass der Körper mit Reparaturarbeiten beschäftigt ist. Um diesen Selbsttest nutzen zu können, muss man den Ruhepuls einfach mal im Normalzustand ermitteln. Hierzu empfehle ich folgende Vorgehensweise: den

Puls noch vor dem Aufstehen im Bett messen. Alle anderen Tageszeiten geben nicht mehr den wirklichen Ruhepuls wieder. Nach einer Woche mit täglicher Messung hat man einen recht zuverlässigen Mittelwert, was den Ruhepuls im Normalzustand betrifft. Wem die manuelle Messung per Sekundenzeiger zu lästig ist, dem empfehle ich einen sogenannten Pulsoximeter. Dieses kleine Gerät erinnert optisch an eine überdimensionierte Wäscheklammer und wird zur Messung einfach auf den Finger gesteckt, ist somit kinderleicht zu bedienen und liefert zuverlässige Ergebnisse. Dieses Gerät ist bereits ab circa 20 Euro erhältlich.

Verändert sich der gemessene Wert nun merklich (mehr als 10 Schläge pro Minute) und mehrfach hintereinander nach oben, sollte man hellhörig werden und dem Körper eine Erholungsphase gönnen. Vielleicht war die letzte Zeit zu stressig oder vielleicht kündigt sich ein Infekt an.

Warum sind Erholungsphasen so wichtig?

Meine Hochleistungssportler trainieren in bestimmten Phasen dreimal – nicht in der Woche, sondern am Tag. Das funktioniert jedoch nur dann, wenn zwischen diesen Phasen mit extremer Belastung entsprechende Erholungsphasen vorkommen. Der Körper also Zeit hat, um zu regenerieren und die gesetzten Reize in eine erhöhte Leistungsfähigkeit umzusetzen. Zudem senken diese Erholungsphasen das Risiko, den Körper zu überlasten.

Im Leistungssport sprechen wir von Be- und Entlastungsphasen. Das können innerhalb eines Wochenzyklus einige entsprechend lockere Trainingseinheiten sein oder aber auch innerhalb eines längeren Trainingszeitraums einige Tage mit reduzierter Belastung. Wie lange die Erholungsphasen sein sollten, hängt somit maßgeblich vom Gesamtvolumen des Trainings ab. Trainiert man einmal in der Woche, ergibt sich die Erholungszeit in der Regel automatisch durch die restlichen Tage ohne sportliche Belastung. Treibt man jedoch mehrmals in der Woche Sport, kann es durchaus sinnvoll sein, sich etwas genauer mit Be- und Entlastungsphasen zu beschäftigen.

Findest du Nahrungsergänzungsmittel sinnvoll oder eher überflüssig?

Die Tatsache, dass ich in einem Kochbuch Rede und Antwort stehe, das viele wunderbare Gerichte vorstellt, verbietet mir eigentlich, über Nahrungsergänzungsmittel nachzudenken. Für mich als Trainer kommen Nahrungsergänzungsmittel dann ins Spiel, wenn a) die Möglichkeit fehlt, sich vernünftig und sinnvoll zu ernähren, b) die sportlichen Belastungen beziehungsweise Rahmenbedingungen so extrem sind, dass durch normale Nahrungsaufnahme die entsprechenden Nährstoffe nicht mehr aufgenommen werden können, oder c) ein klar diagnostizierter Mangel besteht. Die beiden ersten Punkte sehe ich bei den Lesern dieses Buches nicht. Aus diesen Gründen bin ich der Meinung, dass Nahrungsergänzungsmittel in der Regel nicht notwendig sind. Über den dritten Punkt kann der Hausarzt Auskunft geben, aber auch hier kann eine ausgewogene Ernährung in den meisten Fällen helfen.

Tobias, danke für deine Tipps!

CHRISTIAN HENZES

Rezepte für mehr Ausdauer

Frühstück
Alpen-Starter
Avocado-Omelette mit Honig
Avocadobrot mit Bacon und Aprikosen
Gourmet-Spiegelei mit Chorizo
Fitnessrührei mit Hüttenkäse
Kokos-Reis-Müsli
Mein Fitness-Birchermüsli
Quarkcreme mit Chia und Mango
Knusper-Pistazien-Müsli
CD Dinkel-Pancakes mit Banane

Salate
Avocadosalat mit Ciabatta und
　Tomatenmarmelade
Feldsalat mit Garnelen und Thunfisch-Aioli
　Fitness-Schichtsalat mit Joghurtcreme
Lauwarmer Fenchelsalat mit Aprikose
　und Pecorino-Bulgur
Lauwarmer Hirsesalat mit gratinierter
　Aubergine
Lauwarmer Nudelsalat mit Mozzarella
　und weißen Bohnen
Mein Nizza-Salat mit Burrata
Melonensalat mit Schafskäse,
　Sonnenblumenkernen und Limonenöl
Peperonata-Salat mit Pilzen
　und Rucolapesto
Rucolasalat mit Wasabi-Dressing
　und Nüssen
Knusperbrot mit Tomatensalat und
　roten Zwiebeln
CD Couscous-Salat „1001 Nacht" mit
　geräuchertem Lachs

Suppen
Rucolasüppchen mit Kokos
Basilikumschaumsuppe mit Lachs
Cremige Meerrettichsuppe mit Apfel
Cremige Tomatensuppe mit Joghurt
　und Parmaschinken
Fruchtige Kürbiscremesuppe mit Maronen
　und Aprikosen
Kalte Joghurtsuppe mit Gurke und Harissa
Lauchsuppe „Tandoori" mit
　Mandelcrunch
Rote Linsensuppe mit Limettenblättern
　und Kokoscrunch
Schaumige Chicoréesuppe mit Taleggio
CD Geniale Fischsuppe mit Sauce Rouille

Vegetarische Hauptgerichte
Asiatische Vitaminrolle mit Wasabinüssen
Gefüllte Zucchini mit Taleggio und Kartoffel
Fenchelstreifen mit Mandeln und
　Pecorino-Bulgur
Pappardelle mit Feigen, Gorgonzola
　und Rucola
Knusprige Käsetaler mit rahmigem
　Gurken-Dill-Salat
Pochiertes Ei mit Kohlrabi und Meerrettich-
　Senf-Sauce
CD Rucola-Risotto mit frittiertem Ei
　und Zitronenöl
CD Feta mit Couscous und Harissa-
　Tomaten-Marmelade

Hauptgerichte mit Fisch
Knuspriger Wolfsbarsch mit süßsaurem
　Spargel und grünem Püree

Ceviche vom Heilbutt mit Chili, Avocado und Knusperbrot
Spaghetti mit Tintenfisch-Bolognese
Kräuterforelle im Salzteig mit Salsa
Lachsplätzchen mit Granatapfel-Minze-Joghurt
Miesmuscheln mit Zitronengras und Limette
Pappardelle mit Räucherlachs, Trauben und Fenchel
Thunfischsteak mit Kaiserschoten in Kokos-Curry-Sauce
Zander mit Parmaschinken und Pilzragout
Gegrillte Pilze mit Limonenmarinade und Mozzarella
CD Asia-Lachs mit Thai-Nudeln und Limette

Hauptgerichte mit Fleisch
Tagliata auf süßem Chilitomaten-Rucola-Salat
Gourmet-Omelette mit Ziegenfrischkäse und Honig-Trauben
Hähnchenschenkel mit Mojo rojo und gebratenem Gemüse
Hähnchenbrust mit Curry-Bananen-Risotto
Hähnchengyros mit Austernpilzen und Dip
Lammragout mit Orange und Zimt
Kalbsschnitzel mit Zitrone und mediterranem Kartoffelpüree
Schweinefilet süßsauer mit Meerrettichkartoffeln
Pasta mit Salsiccia und Honigzwiebeln
CD Power-Burger mit Beef und Jalapeño-Quarkcreme

Notfallsnacks
Joghurt-Smoothie mit Himbeeren
Energy Balls mit Pistazien, Pinienkernen und Gojibeeren
Müsliriegel
Müsli-Muffins
CD Power-Nussecken mit Aprikose

So haltet ihr die 10 Wochen durch – der Cheat Day!

Übersetzen könnte man den Cheat Day auch mit „Schummeltag". An diesem Tag drückt ihr ein Auge zu und schlemmt nach Lust und Laune mit den Cheat-Day-Rezepten – sie geben euch mentale Kraft und erleichtern das Durchhalten. Der Cheat Day kann alle 14 Tage stattfinden. Wer mit weniger auskommt oder gar keinen benötigt, lässt ihn einfach weg. Achtet darauf, eure Wochenkalorienbilanz inklusive Cheat Day im Auge zu behalten – der „Schummeltag" soll eure Erfolge ja nicht schmälern.

ALPEN-STARTER

Vor dem Sport, vegetarisch

**Nährwerte pro Portion:
560 kcal**

KH 57 g, F 24 g, EW 25 g

Für 2 Personen

300 g mehligkochende Kartoffeln
Salz
1 EL Doppelrahmfrischkäse
1 EL saure Sahne oder Schmand
4 Kirschtomaten
½ grüne Paprikaschote
½ kleines Bund Schnittlauch
80 g Zwiebeln
1 TL Butter
1 Knoblauchzehe
1 Msp. gemahlener Kümmel
schwarzer Pfeffer aus der Mühle
4 Scheiben Vollkornbrot
4 Scheiben Bergkäse oder Emmentaler

Zubereitungszeit: 15 Minuten plus ca. 20 Minuten Garzeit

Die **Kartoffeln** waschen und ungeschält in **Salzwasser** gar kochen. Abgießen, heiß pellen und durch die Kartoffelpresse in eine Schüssel drücken. **Frischkäse** und **saure Sahne** zugeben und verrühren. • **Kirschtomaten** waschen und halbieren. **Paprika** entkernen, waschen und in Streifen schneiden. Den **Schnittlauch** waschen, trocken schütteln und in Röllchen schneiden. • **Zwiebeln** schälen, fein würfeln und in einer Pfanne in **Butter** glasig dünsten. **Knoblauchzehe** schälen, in die Pfanne pressen, den **Kümmel** darüberstreuen und kurz mit anschwitzen. Die Zwiebelmischung zur Kartoffelmasse geben und vermengen. „Kartoffelkas" mit **Salz** und **Pfeffer** abschmecken. • **Vollkornbrot** toasten, mit **Käse** belegen und mit reichlich „Kartoffelkas" bestreichen. Mit halbierten Kirschtomaten, Paprikastreifen und Schnittlauchröllchen garnieren und genießen.

AVOCADO-OMELETTE MIT HONIG

Nach dem Sport, glutenfrei

**Nährwerte pro Portion:
381 kcal**

KH 5 g, F 31 g, EW 20 g

Für 2 Personen

50 g Frühstücksspeck (Bacon) in Scheiben
1 TL Butter
¼ reife Avocado
1 EL Honig
3 Eier
Salz
schwarzer Pfeffer aus der Mühle
½ Kugel Mozzarella (ca. 60 g)

Zubereitungszeit: 20 Minuten

Frühstücksspeck in Streifen schneiden und in einer beschichteten Pfanne in **Butter** unter gelegentlichem Rühren anbraten. • **Avocado** schälen, würfeln und zugeben. **Honig** darüberträufeln, vorsichtig umrühren und bei mittlerer Hitze kurz karamellisieren. • Inzwischen **Eier** mit **Salz** und **Pfeffer** in einen Mixbecher geben, mit dem Stabmixer mixen und gleichmäßig über die Speckmischung gießen. • **Mozzarella** würfeln und gleichmäßig auf der Oberfläche verteilen. Die Hitze reduzieren und das Omelette auf mittlerer Stufe etwa 4–5 Minuten stocken lassen – es sollte nicht ganz durchstocken. • Wenn die Eiermasse an der Oberfläche noch leicht feucht und glänzend ist, das Omelette mit einem Pfannenwender vorsichtig vom Pfannenrand lösen, zur Mitte hin umklappen und halbieren. Die Omelettehälften auf zwei Teller setzen und genießen.

AVOCADOBROT MIT BACON UND APRIKOSE

Nach dem Sport

Nährwerte pro Portion:
392 kcal
KH 24 g, F 27 g, EW 13 g

Für 2 Personen

4 Scheiben Frühstücksspeck (Bacon)
2 Scheiben Roggenbrot
75 g körniger Hüttenkäse
3 TL Meerrettich aus dem Glas
1 reife Avocado
2 TL Aprikosenkonfitüre

Zubereitungszeit: 20 Minuten

Den **Frühstücksspeck** in einer Pfanne unter gelegentlichem Rühren knusprig braten und auf Küchenpapier abtropfen lassen. • Das **Roggenbrot** toasten. **Hüttenkäse** und **Meerrettich** verrühren und auf das Roggenbrot streichen. • **Avocado** schälen, entkernen, in Spalten schneiden und diese fächerartig auf die Brote legen. Mit knusprigem Speck belegen und mit kleinen Klecksen **Aprikosenkonfitüre** garniert servieren.

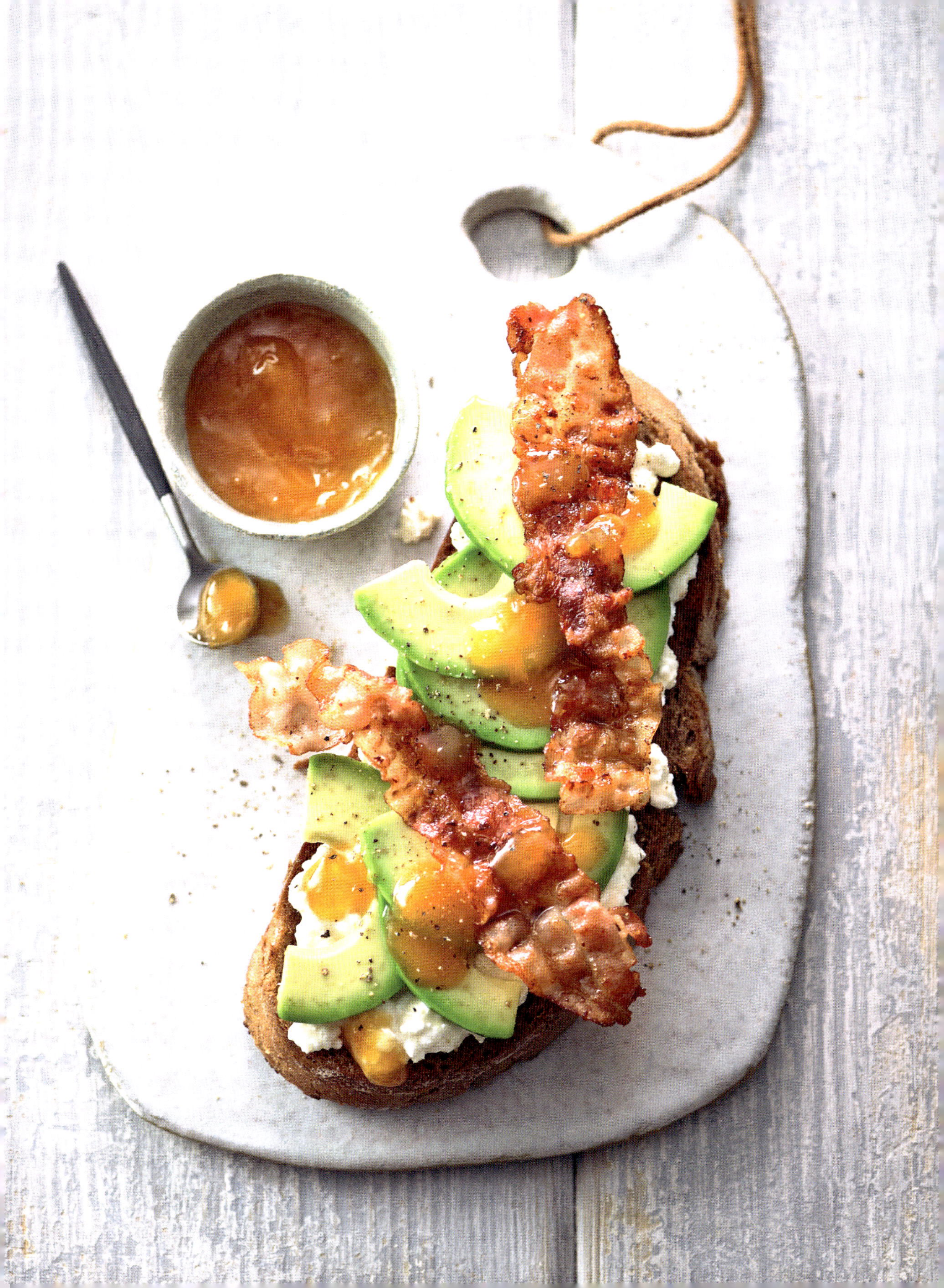

Tipp
Eignet sich auch gut als Gericht für mehrere Personen. Einfach eine große Pfanne nehmen und Mitläufer nach dem Sport zum Frühstück einladen!

GOURMET-SPIEGELEI MIT CHORIZO

Nach dem Sport, glutenfrei

**Nährwerte pro Portion:
396 kcal**
KH 3 g, F 31 g, EW 26 g

Für 2 Personen

75 g Chorizo
100 g Champignons
1 Frühlingszwiebel
1 EL Butter
3 Eier
50 g Gouda, gerieben
einige Tropfen rote Tabascosauce
Salz
schwarzer Pfeffer aus der Mühle

Zubereitungszeit: 15 Minuten

Chorizo würfeln. **Champignons** putzen und in Scheiben schneiden. **Frühlingszwiebel** putzen und in Ringe schneiden. • Chorizowürfel in einer beschichteten Pfanne in **Butter** unter gelegentlichem Rühren anbraten. Champignons und Frühlingszwiebeln zugeben und kurz mitbraten. • Die **Eier** aufschlagen und in die Pfanne gleiten lassen. Mit **Gouda** bestreuen, einige Tropfen **Tabascosauce** darüberträufeln und mit **Salz** und **Pfeffer** würzen. Abgedeckt bei niedriger Hitze 5 Minuten garen, sodass das Eigelb noch flüssig bleibt. • Die Gourmet-Spiegeleier mit Chorizo und Frühlingszwiebeln auf zwei Teller verteilen und servieren.

FITNESSRÜHREI MIT HÜTTENKÄSE

Nach dem Sport, glutenfrei, vegetarisch

Nährwerte pro Portion:
246 kcal
KH 7 g, F 16 g, EW 20 g

Für 2 Personen

1 Frühlingszwiebel
1 Tomate
4 Eier
1 Prise Salz
schwarzer Pfeffer aus der Mühle
1 EL süße Chilisauce
1 EL frisch gehackte Petersilie
100 g Hüttenkäse
1 TL Butter

Tipp

Kräftiges Rühren führt nur dazu, dass das Rührei kompakt und fest wird, wogegen sanftes Falten und Schieben für eine lockere, luftige Konsistenz sorgt.

Zubereitungszeit: 15 Minuten

Frühlingszwiebel putzen, waschen und in Ringe schneiden. **Tomate** waschen, Stielansatz herausschneiden und Fruchtfleisch würfeln. • **Eier** mit **Salz** und **Pfeffer** in einem Mixbecher mit dem Stabmixer mixen. Frühlingszwiebel und Tomaten mit **Chilisauce** und **Petersilie** einrühren. Dann den **Hüttenkäse** unterheben. • **Butter** in einer beschichteten Pfanne aufschäumen lassen. Eiermasse zugeben und bei niedriger Hitze 3–4 Minuten stocken lassen, dabei die Masse mit einem Kunststoffspatel nur etwas hin- und herschieben und nicht zu fest werden lassen, denn das Rührei sollte weich und cremig sein. • Das Fitnessrührei auf zwei Teller verteilen und genießen.

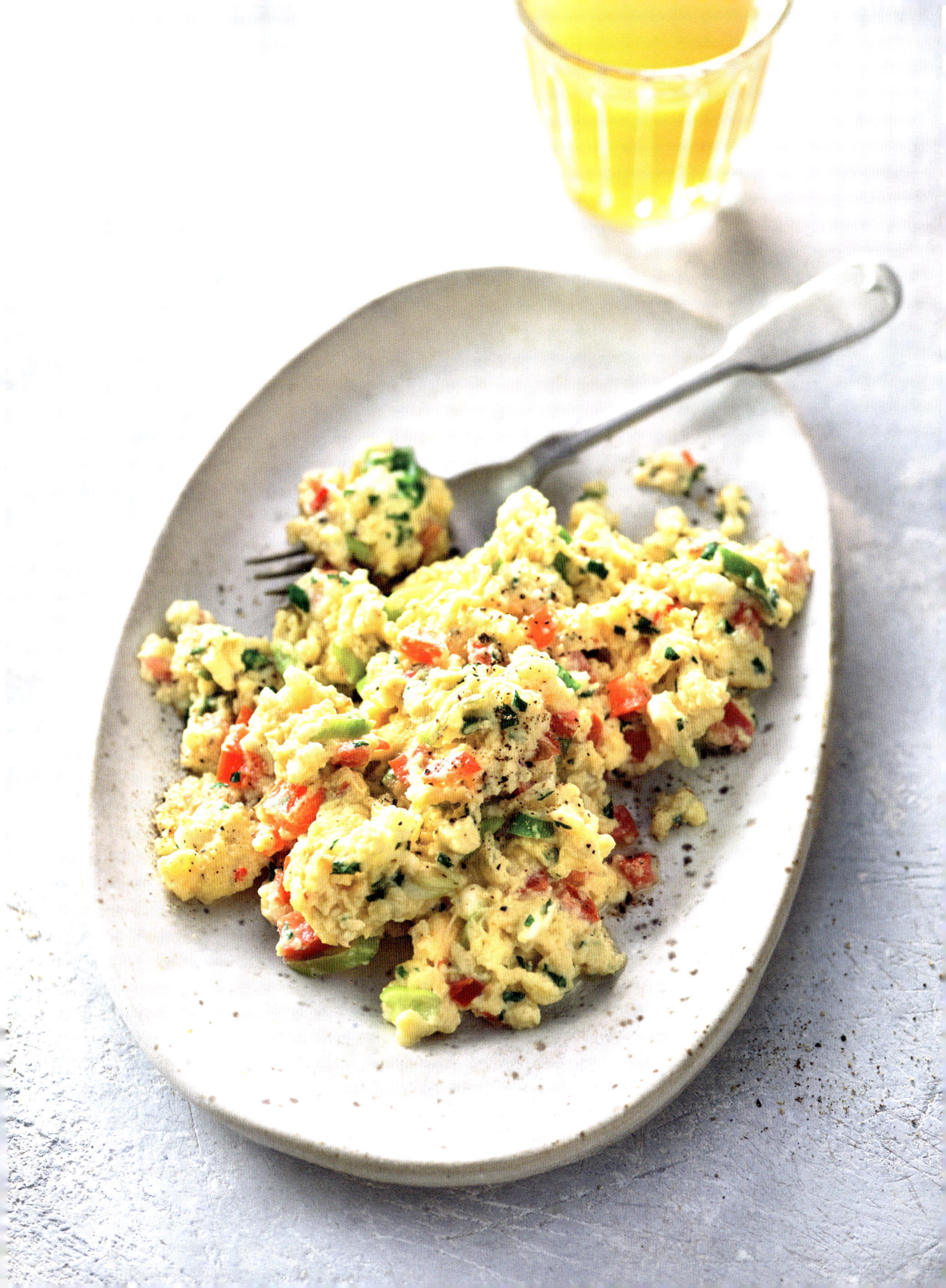

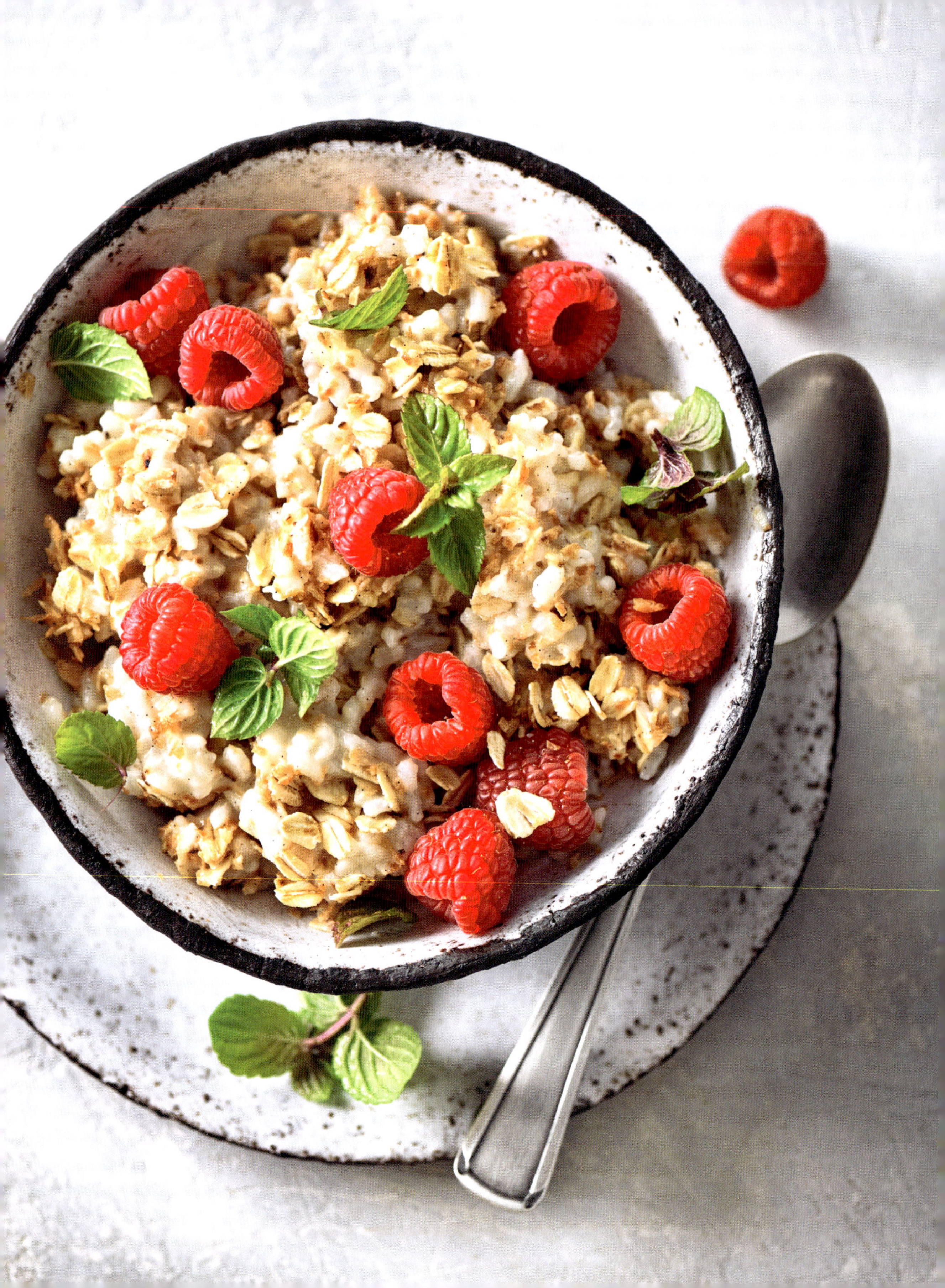

KOKOS-REIS-MÜSLI

Vor dem Sport, laktosefrei, glutenfrei, vegan

**Nährwerte pro Portion:
488 kcal**
KH 44 g, F 30 g, FW 7 g

Für 2 Personen

200 ml Kokosmilch
½ Vanilleschote
50 g Milchreis
1 EL Birnendicksaft
2 ½ EL Kokosraspel
3 TL glutenfreie Haferflocken
1 kleine Handvoll Himbeeren (ca. 50 g)
einige Minzblätter zum Garnieren

Zubereitungszeit: 35 Minuten plus 15–20 Minuten Abkühlzeit

Kokosmilch in einen Topf geben. **Vanilleschote** längs aufschlitzen, das Mark herauskratzen, beides mit dem **Milchreis** zur Kokosmilch geben und aufkochen. Dann bei niedriger Hitze unter gelegentlichem Rühren 25–30 Minuten quellen lassen. • Die Vanilleschote entfernen, den Milchreis mit **Birnendicksaft** süßen und 15–20 Minuten abkühlen lassen. • Inzwischen **Kokosraspel** und **Haferflocken** in einer kleinen Pfanne ohne Fettzugabe unter Rühren rösten und auf einem Teller abkühlen lassen. • **Himbeeren** waschen und abtropfen lassen. **Minzblätter** waschen und trocken tupfen. • Die geröstete Kokosraspel-Haferflocken-Mischung locker unter den Reis heben und in zwei Schalen füllen. Die Himbeeren auf die Portionen verteilen und mit Minze garniert servieren.

MEIN FITNESS-BIRCHERMÜSLI

Vor dem Sport, glutenfrei, vegetarisch

**Nährwerte pro Portion:
274 kcal**

KH 33 g, F 15 g, EW 10 g

Für 2 Personen

½ Apfel
½ Tasse glutenfreie Haferflocken
(ca. 40 g)
75 ml Milch
2 EL Sahne
2–3 Soft-Aprikosen
1–2 TL Pistazienkerne
1 EL geröstete Mandelblättchen
¼ Granatapfel

Zubereitungszeit: 10 Minuten plus Ruhezeit über Nacht

Apfel waschen, entkernen und ungeschält grob reiben. Apfelraspel, **Haferflocken** und **Milch** in einer Schüssel vermengen, abdecken und über Nacht im Kühlschrank quellen lassen. • Am nächsten Morgen die flüssige **Sahne** in die Haferflockenmischung rühren. Die **Soft-Aprikosen** sehr klein würfeln und mit **Pistazien** und **Mandelblättchen** untermengen. • Das Fitnessmüsli in zwei Schalen füllen, **Granatapfelkerne** herauslösen, darüberstreuen und genießen.

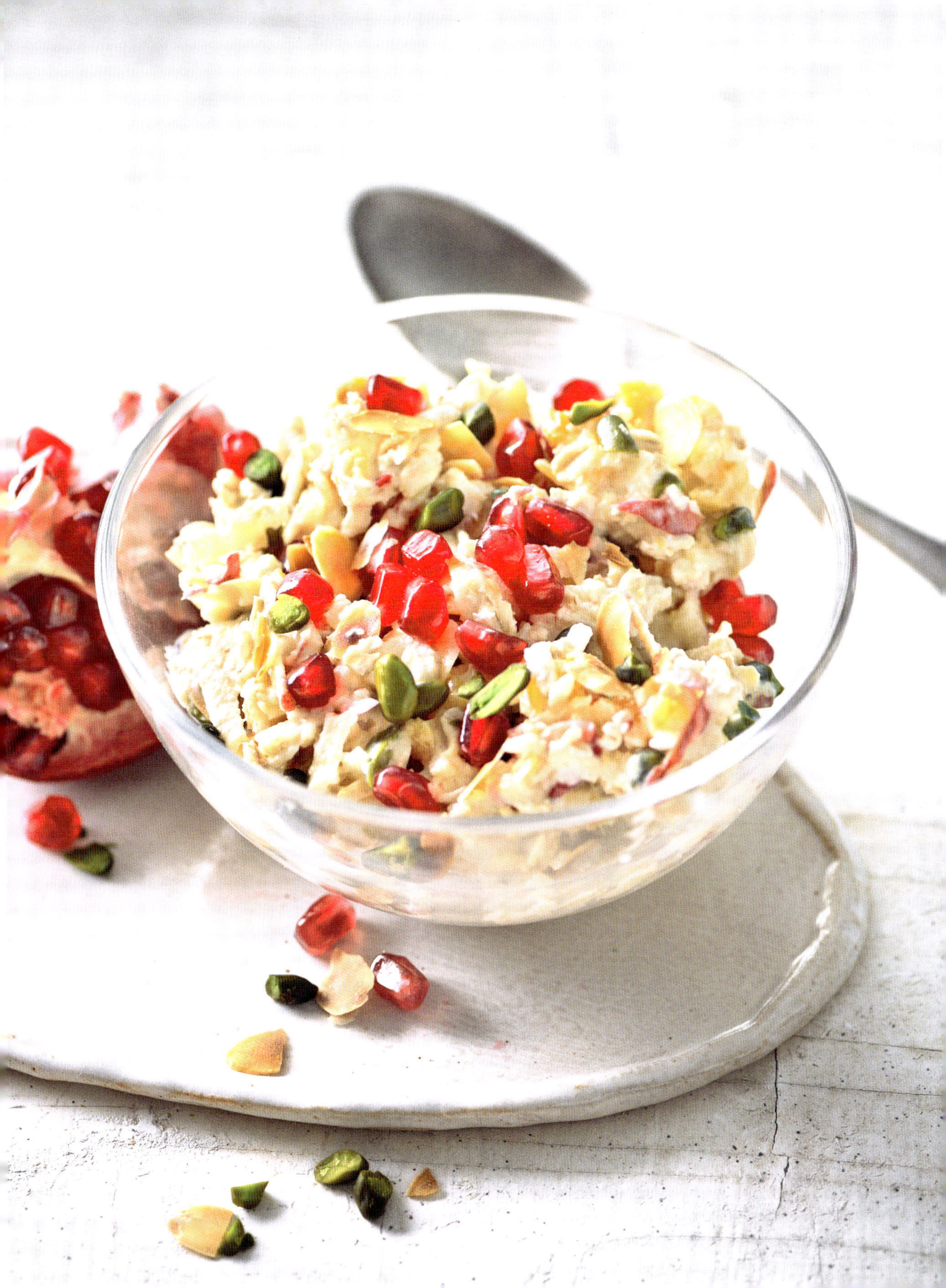

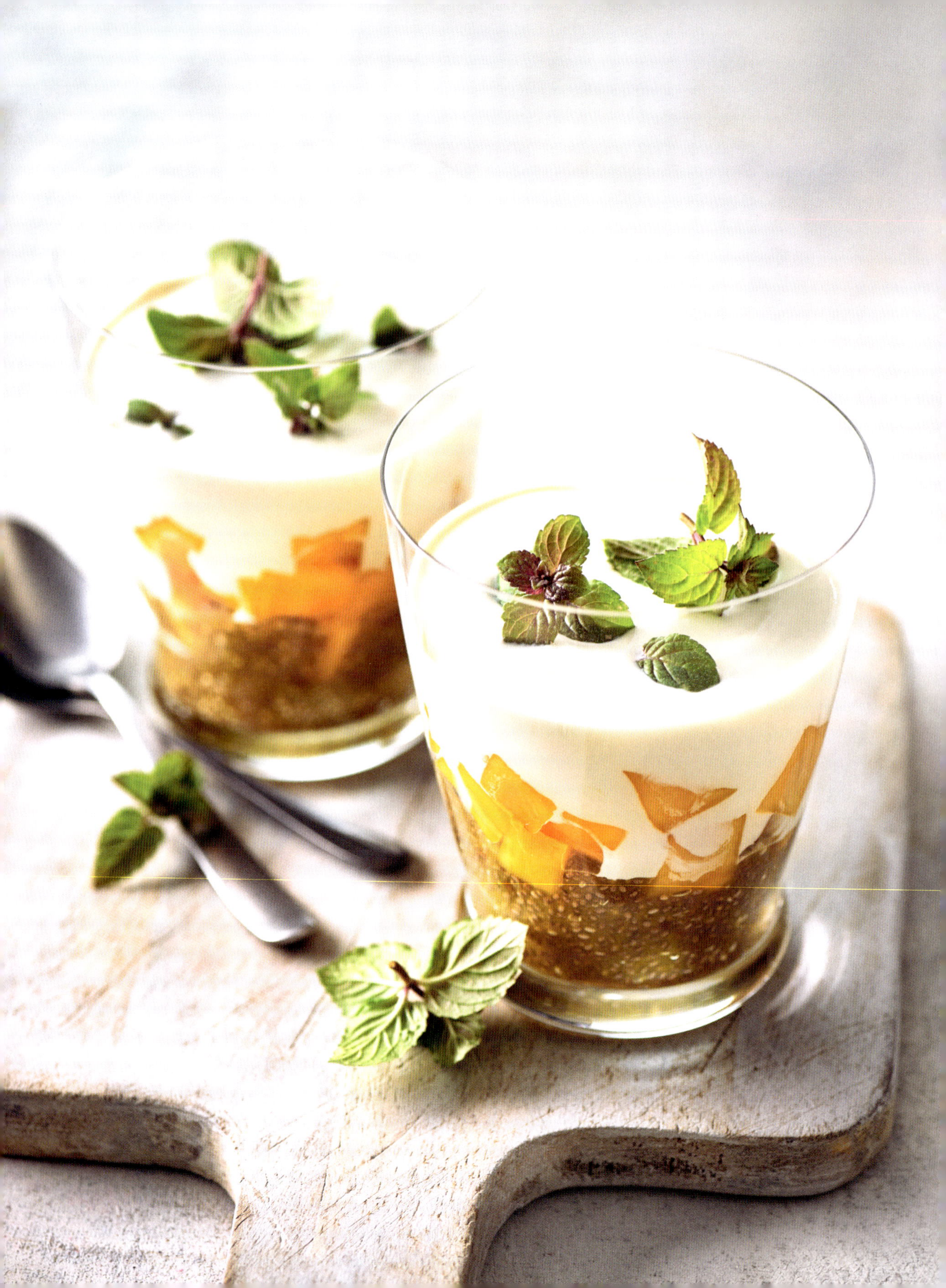

QUARKCREME MIT CHIA UND MANGO

Nach dem Sport, glutenfrei, vegetarisch

Nährwerte pro Portion:
241 kcal
KH 26 g, F 12 g, EW 7 g

Für 2 Personen

2 EL Chiasamen
120 ml Mangosaft
½ reife Mango
1 EL Speisequark (Magerstufe)
75 g griechischer Naturjoghurt (10 % Fett)
3 TL Honig
25 g geschlagene Sahne
2 Minzblätter

Zubereitungszeit: 5 Minuten plus mind. 30 Minuten Quellzeit oder über Nacht

Je 1 EL **Chiasamen** in zwei Gläser geben und mit je 60 ml **Mangosaft** auffüllen. Mindestens 30 Minuten oder über Nacht quellen lassen. • Die **Mango** schälen, vom Stein befreien und würfeln. Die Mangowürfel in die Gläser zu den gequollenen Chiasamen geben. • **Speisequark, Joghurt** und **Honig** cremig verrühren, die geschlagene **Sahne** unterheben und in die Gläser füllen. • **Minzblätter** abbrausen und trocken tupfen. Die Quarkcremes damit garnieren und servieren.

KNUSPER-PISTAZIEN-MÜSLI

Laktosefrei, glutenfrei, vegetarisch

Nährwerte pro Portion:
305 kcal
KH 28 g, F 17 g, EW 8 g

Für 4 Personen

150 g glutenfreie, kernige Haferflocken
3 EL grüne Pistazienkerne
2 EL Pinienkerne
2 EL Honig
1 EL Olivenöl
1 Handvoll Kokoschips (ca. 20 g)

Tipp
Zu diesem leckeren knusprigen Müsli passen Naturjoghurt und frische Früchte.

Zubereitungszeit: 15 Minuten

Den Backofen auf 180 °C Ober-/Unterhitze vorheizen und ein Backblech mit Backpapier auslegen. • **Haferflocken, Pistazienkerne** und **Pinienkerne** in einer Schüssel vermengen. • **Honig** und **Olivenöl** in einem Topf aufkochen. Die Flockenmischung gut unterrühren, dann **Kokoschips** dazugeben und vermengen. • Die Haferflockenmasse gleichmäßig auf dem vorbereiteten Backblech verteilen, festdrücken und im vorgeheizten Ofen 30–40 Minuten rösten, dabei nach der Hälfte der Backzeit die bröselige Mischung einmal gut durchrühren, damit das Müsli schön knusprig wird. • Herausnehmen und dann auf dem Blech gut abkühlen lassen. Nun in kleine Stücke brechen und bis zur Verwendung in einem luftdicht verschließbaren Glas aufbewahren.

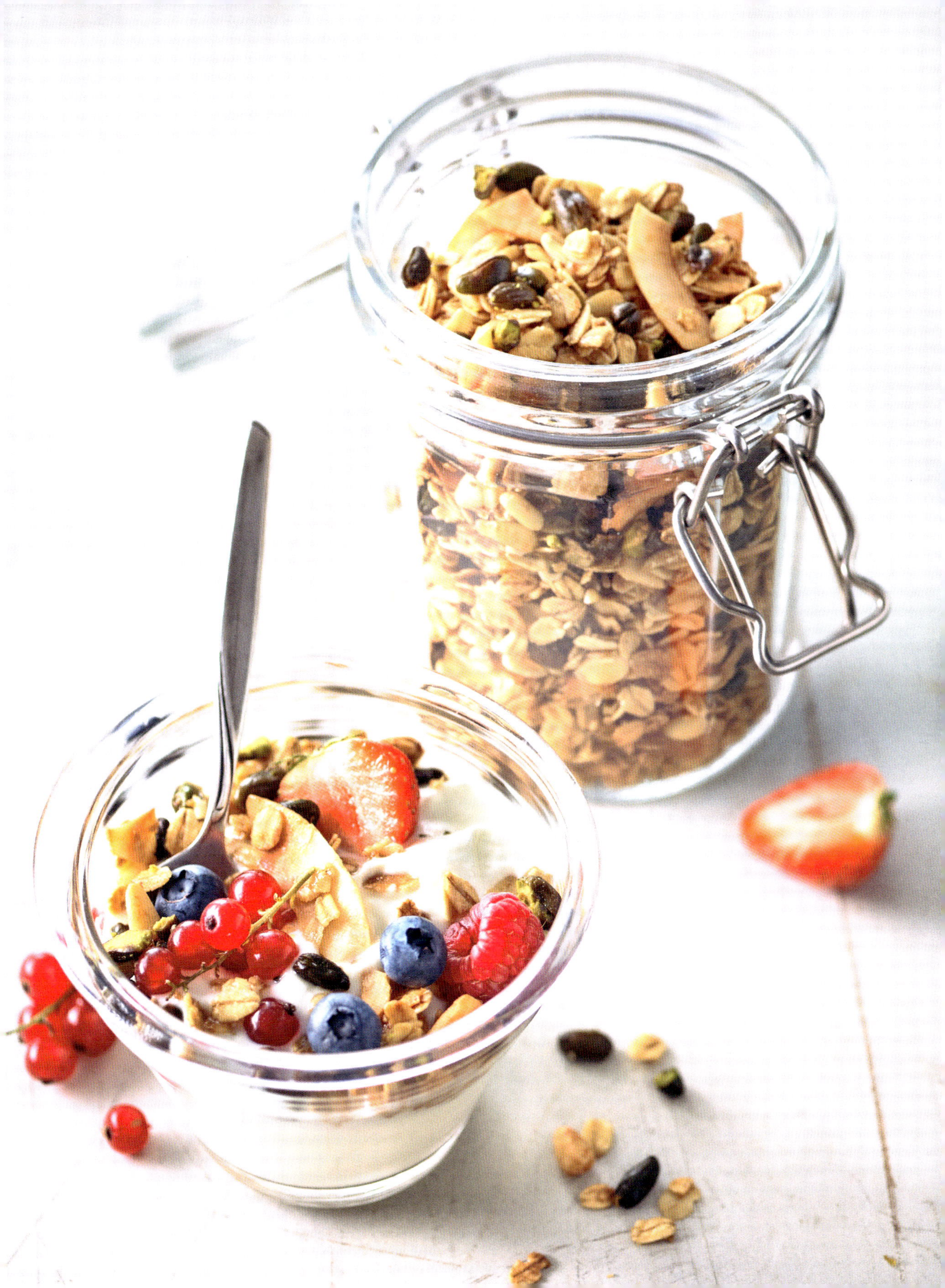

CHEAT DAY!

DINKEL-PANCAKES MIT BANANE

Vegetarisch

**Nährwerte pro Portion:
722 kcal**
KH 92 g, F 22 g, EW 25 g

Für 2 Personen

200 g Dinkelvollkornmehl
1 TL Backpulver
1 EL Zucker
1 kleine Prise Salz
2 Eier
200 ml Milch
Mark von ½ Vanilleschote
1 reife Banane
2–3 TL Butter
Puderzucker zum Bestreuen
2 EL Ahornsirup
2 EL geröstete Mandelstifte

Zubereitungszeit: 15–20 Minuten

Mehl, Backpulver, Zucker und **Salz** in einer Schüssel vermischen. • **Eier, Milch** und **Vanillemark** verrühren. Eiermilch zur Mehlmischung geben und alles zu einem glatten, dicken Teig verrühren. • **Banane** schälen und in Scheiben schneiden. **Butter** in einer großen Pfanne aufschäumen, die Bananenscheiben darin anbraten. Den Teig in sechs Kreisen (à 2–3 EL Teig) über die Bananen geben und 2–3 Minuten goldgelb backen. Wenden und die andere Seite 1–2 Minuten goldgelb garen. • Etwas **Puderzucker** über die Pancakes sieben und je drei Pancakes auf zwei Tellern zu Türmchen stapeln. Mit **Ahornsirup** beträufeln und mit **gerösteten Mandelstiften** bestreut servieren.

Laktosefreie Variante

Für eine laktosefreie Variante die Kuhmilch durch ungesüßten Mandeldrink ersetzen und statt Butter Kokosöl oder Butterschmalz verwenden.

AVOCADOSALAT UND CIABATTA MIT TOMATENMARMELADE

Nach dem Sport, vegetarisch

Nährwerte pro Portion:
522 kcal
KH 56 g, F 26 g, EW 12 g

Für 2 Personen

TOMATENMARMELADE
2 reife grünschalige Tomaten
1 TL Butter
½ TL brauner Zucker
1 kleine Knoblauchzehe
½ TL frisch geriebener Ingwer
1 kleines Lorbeerblatt
1 Gewürznelke
1 Prise Safranpulver
1 EL weißer Balsamico-Essig
Salz

SALAT
2 reife grünschalige Tomaten
1 reife Avocado
¼ milde rote Chilischote
Saft von ½ Limette
1 EL qualitativ hochwertiges Olivenöl
Salz
schwarzer Pfeffer aus der Mühle
4 Scheiben Ciabatta

Zubereitungszeit: 25 Minuten

Für die Tomatenmarmelade die **Tomaten** waschen, Stielansätze wegschneiden, das Fruchtfleisch würfeln und in einer kleinen Pfanne in **Butter** anbraten. • **Zucker** darüberstreuen und bei mittlerer Hitze unter gelegentlichem Rühren karamellisieren. • **Knoblauchzehe** schälen und sehr fein hacken. Knoblauch, **Ingwer, Lorbeerblatt, Gewürznelke** und **Safranpulver** zu den Tomaten geben und etwa 5 Minuten einköcheln lassen. • Mit **Balsamico-Essig** ablöschen und mit **Salz** abschmecken. Die Tomatenmarmelade etwas abkühlen lassen, dann Lorbeerblatt und Gewürznelke entfernen. • Für den Salat die **Tomaten** waschen, Stielansätze entfernen, Fruchtfleisch in Spalten schneiden und in eine Schüssel geben. **Avocado** schälen, entkernen, würfeln und hinzufügen. **Chilischote** entkernen, waschen, fein würfeln und ebenfalls in die Schüssel geben. • **Limettensaft** und **Olivenöl** mit etwas **Salz** und **Pfeffer** zu einer Vinaigrette rühren, über den Salat gießen und locker vermengen. • **Ciabattascheiben** toasten und die Tomatenmarmelade darauf verteilen. Dann die Brote mit dem Avocadosalat servieren.

Laktosefreie Variante
Für eine laktosefreie Variante statt Butter Kokosöl oder Butterschmalz verwenden.

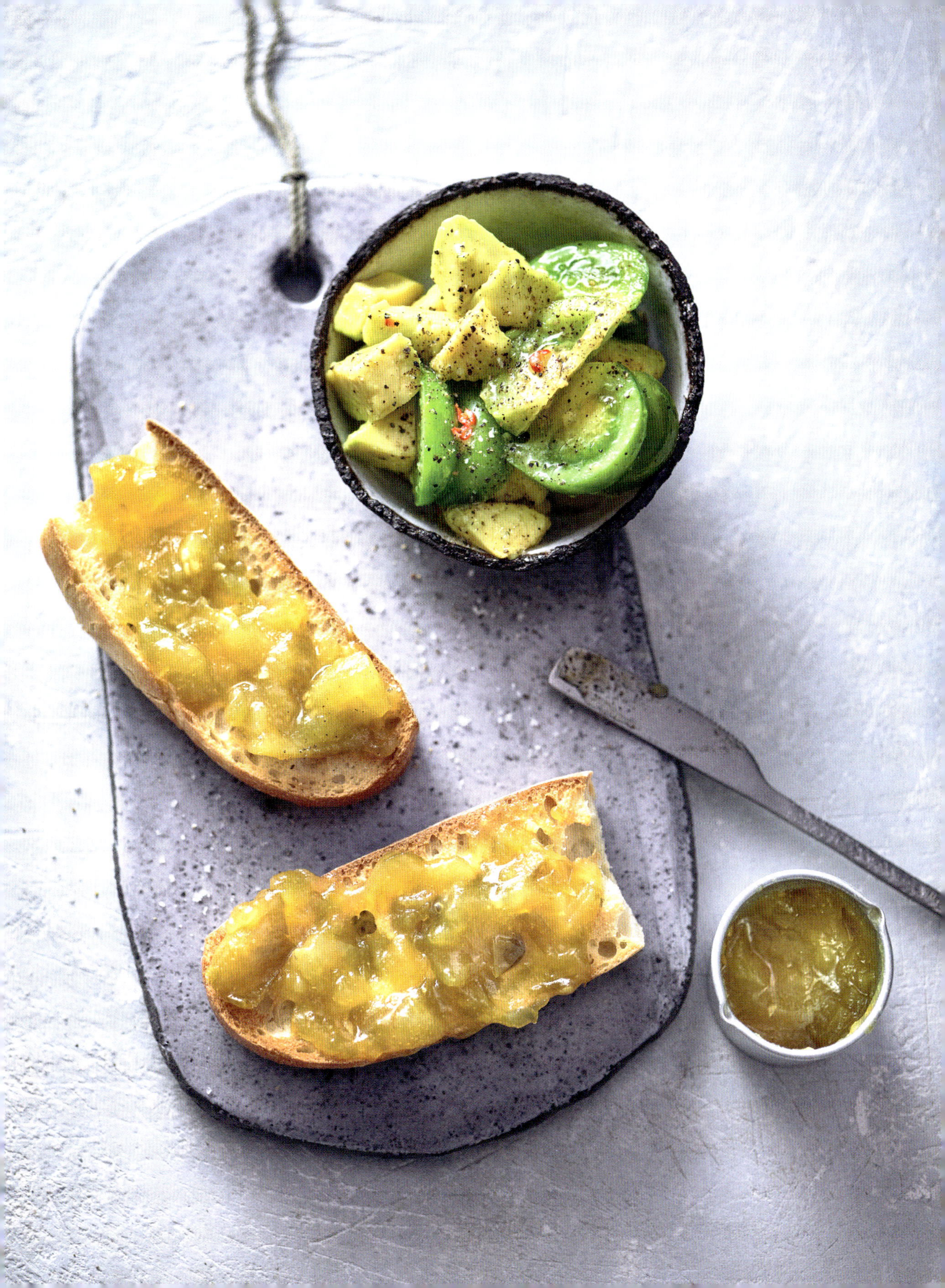

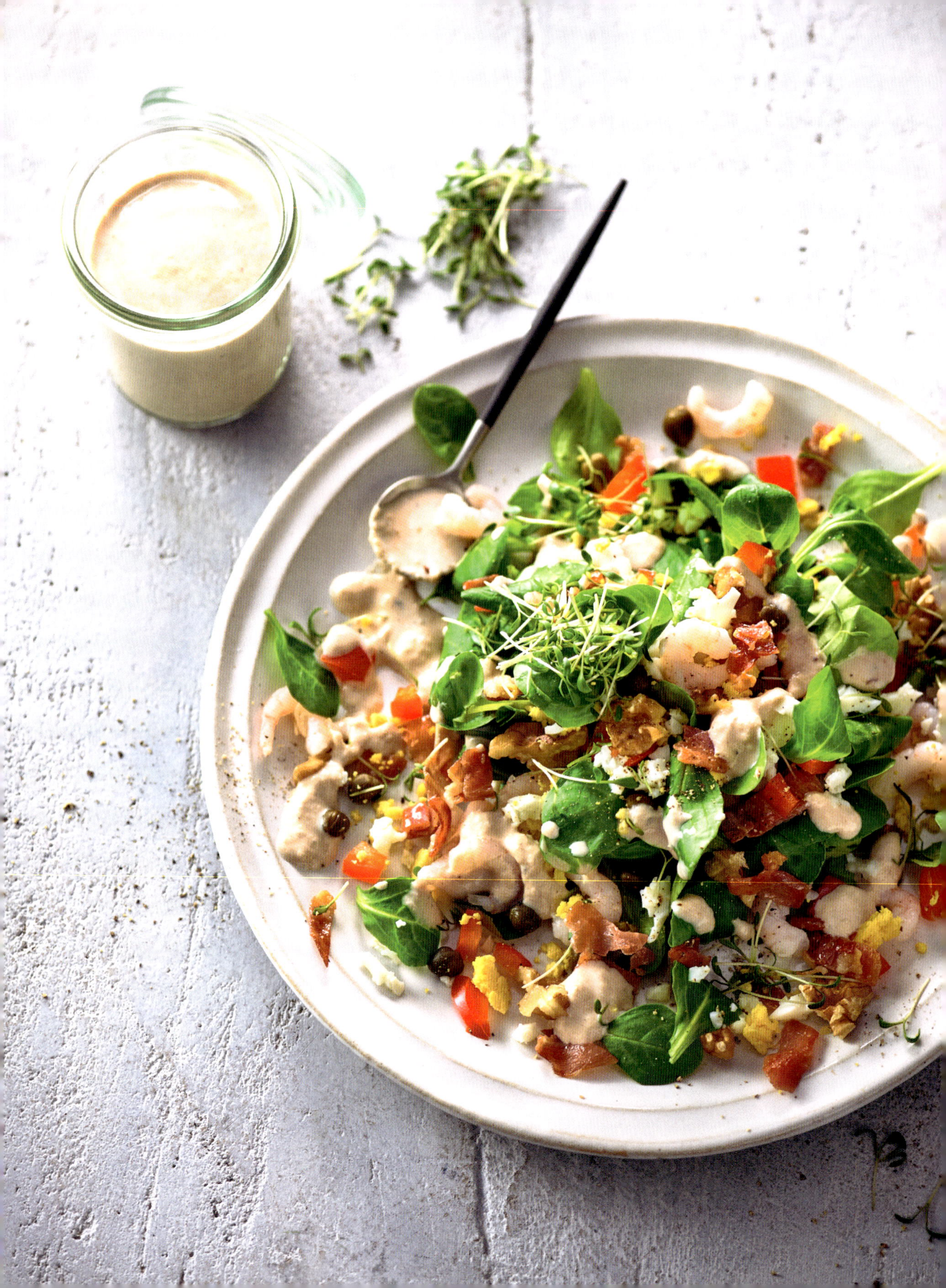

FELDSALAT MIT GARNELEN UND THUNFISCH-AIOLI

Nach dem Sport, glutenfrei

**Nährwerte pro Portion:
287 kcal**
KH 6 g, F 20 g, EW 22 g

Für 2 Personen

SALAT

75 g ausgelöste, gegarte TK-Eismeergarnelen
40 g Parmaschinken in dünnen Scheiben
1 große Handvoll Feldsalat (ca. 20 g)
¼ rote Paprikaschote
1 Ei, hart gekocht
3 TL Walnusskerne, grob gehackt
1 TL Kapern (aus dem Glas)
½ Kästchen Gartenkresse

AIOLI

50 g Thunfisch in Öl oder im eigenen Saft (aus der Dose), abgetropft
½ kleine Knoblauchzehe, zerdrückt
1 EL Naturjoghurt
1 EL Mayonnaise
1 EL weißer Balsamico-Essig
1 Prise Zucker
Salz
schwarzer Pfeffer aus der Mühle

Zubereitungszeit: 25 Minuten

Für den Salat die gefrorenen **Garnelen** langsam im Kühlschrank auftauen lassen, unter fließendem kaltem Wasser abwaschen und leicht ausdrücken. • **Parmaschinken** klein schneiden und in einer beschichteten Pfanne ohne Fettzugabe anrösten. Auf einem Teller abkühlen lassen. • **Feldsalat** putzen, waschen, trocken schütteln und auf zwei Teller verteilen. **Paprika** entkernen, waschen, in kleine Würfel schneiden und mit Garnelen und Parmaschinken auf den Feldsalat geben. • Das **Ei** pellen. Eiweiß vom Eigelb lösen und getrennt hacken. Beides über den Salat streuen, dann **Walnüsse** und **Kapern** darübergeben. • Für die Aioli alle **Zutaten** mit etwas **Salz** und **Pfeffer** in einem Mixbecher mit dem Stabmixer glatt mixen. • Die Thunfisch-Aioli über dem Salat verteilen. Die **Gartenkresse** vom Beet schneiden, darüberstreuen und servieren.

FITNESS-SCHICHTSALAT MIT JOGHURTCREME

Nach dem Sport, glutenfrei

Nährwerte pro Portion:
465 kcal
KH 31 g, F 22 g, EW 35 g

Für 2 Personen

Zubereitungszeit: 20 Minuten

SALAT

75 g gekochter Schinken

½ reife Mango

30 g Lauch (vom weißen Teil)

75 g Gouda

75 g Kidneybohnen (aus der Dose), abgebraust und abgetropft

75 g Maiskörner (aus der Dose), abgebraust und abgetropft

2 Eier, hart gekocht

½ geräuchertes Forellenfilet ohne Haut (ca. 60 g)

JOGHURTCREME

2 EL griechischer Naturjoghurt (10 % Fett)

2 EL weißer Balsamico-Essig

½ TL geräuchertes Paprikapulver

2 EL süße Chilisauce

1 TL frisch gehackte gemischte Kräuter der Saison

Salz

schwarzer Pfeffer aus der Mühle

Für den Salat den **Schinken** klein würfeln. **Mango** schälen, entsteinen und dann in Würfel schneiden. **Lauch** waschen und sehr fein würfeln. **Gouda** grob reiben. • In einer Glasschüssel als erste Schicht **Kidneybohnen** einfüllen, dann als nächste Schicht Schinkenwürfel hineingeben, gefolgt von **Maiskörnern** und Mangowürfeln. Als letzte Schicht die feinen Lauchwürfel mit dem geriebenen Gouda vermengen und darüberstreuen. • **Eier** pellen, vierteln und auf dem Salat anrichten. • Für die Joghurtcreme **Joghurt, Balsamico-Essig, Paprikapulver, Chilisauce** und **Kräuter** mit etwas **Salz** und **Pfeffer** in einer Schale verrühren und gleichmäßig über den Salat gießen. • Das **Forellenfilet** in grobe Stücke zerteilen, auf dem Fitness-Schichtsalat verteilen und servieren.

Tipp

Wenn genügend Zeit ist, lasst den Salat noch etwa 60 Minuten ziehen. Das ist zwar nicht unbedingt nötig, denn er schmeckt auch frisch super, aber ich finde, es intensiviert das Aroma.

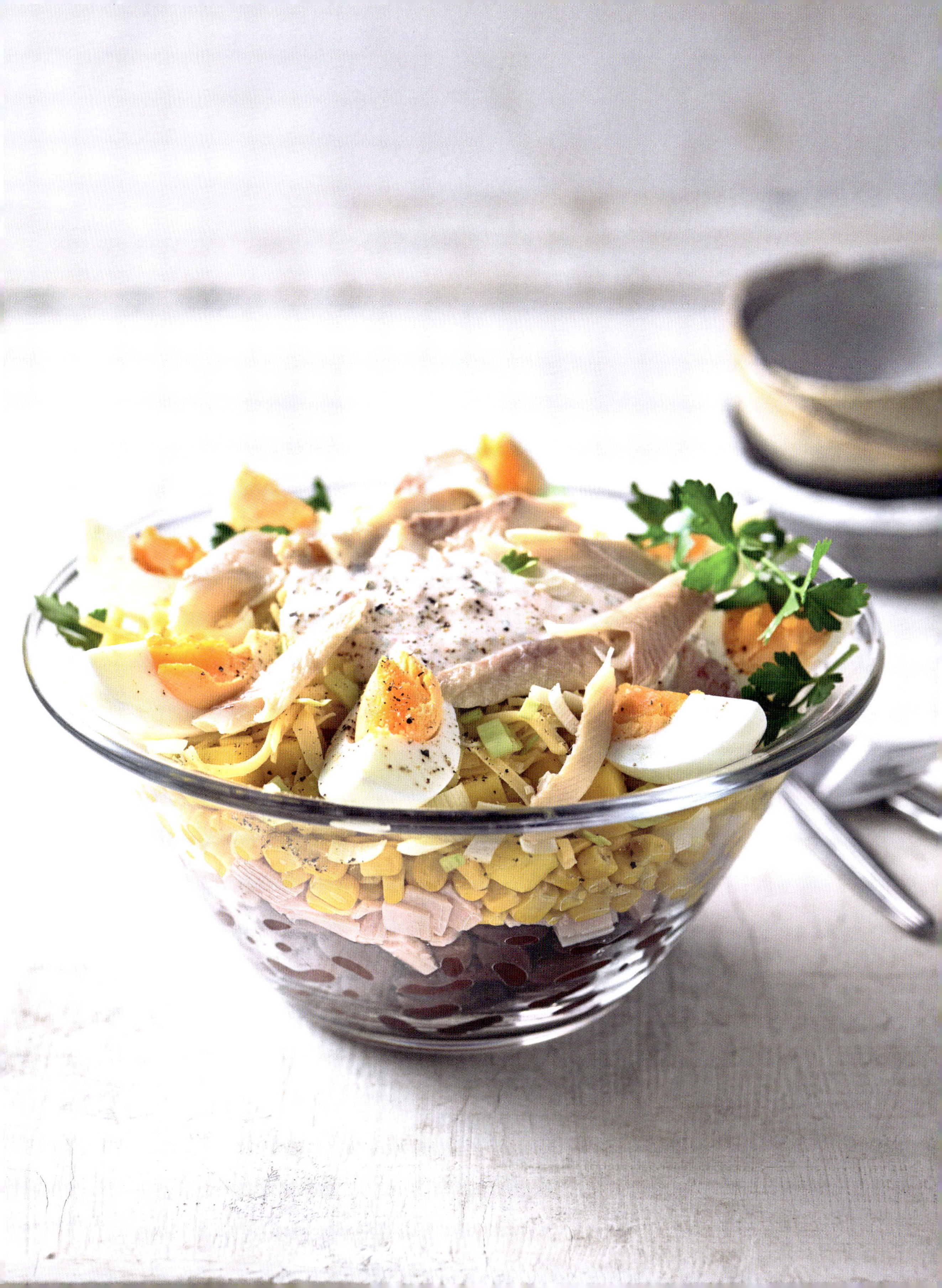

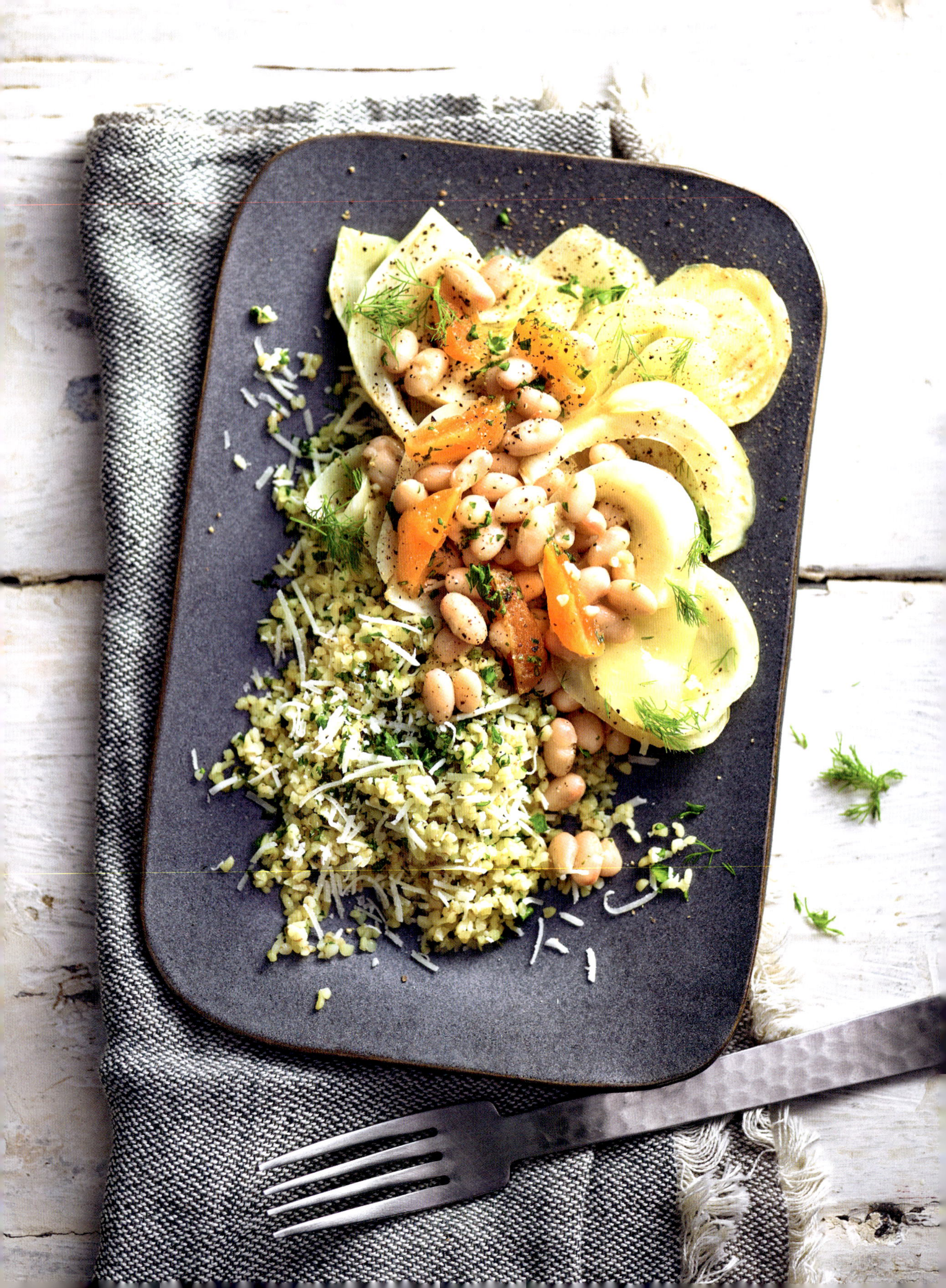

LAUWARMER FENCHELSALAT MIT APRIKOSE UND PECORINO-BULGUR

Vor dem Sport, vegetarisch

Nährwerte pro Portion:
270 kcal
KH 24 g, F 14 g, EW 12 g

Für 2 Personen

Zubereitungszeit: 20–25 Minuten

BULGUR
50 g Pecorino am Stück
100 ml Gemüsebrühe
   (alternativ Instantbrühe)
50 g Bulgur
1 EL frisch gehackte Kräuter
   (z. B. Petersilie)
Salz
schwarzer Pfeffer aus der Mühle

SALAT
1 Fenchelknolle
Salz
schwarzer Pfeffer aus der Mühle
1 Knoblauchzehe
1 EL Olivenöl
2 Soft-Aprikosen
2–3 TL weiße Bohnen (aus der Dose)
1 Msp. Zucker
1 EL weißer Balsamico-Essig

Für den Bulgur den **Pecorino** reiben. **Gemüsebrühe** in einem Topf aufkochen und den **Bulgur** dazugeben. Vom Herd nehmen, Pecorino und **Kräuter** einrühren, mit **Salz** und **Pfeffer** würzen und den Bulgur abgedeckt 15 Minuten quellen lassen. • Währenddessen für den Salat den **Fenchel** putzen, waschen und längs in dünne Scheiben schneiden. Leicht mit **Salz** und **Pfeffer** würzen. Die **Knoblauchzehe** schälen, in dünne Scheiben schneiden und mit dem Fenchel in einer Pfanne im **Olivenöl** bei niedriger Hitze dünsten, bis der Fenchel weich ist, aber noch Biss hat. • Die **Soft-Aprikosen** in dünne Streifen schneiden, mit den **Bohnen** zugeben und 2–3 Minuten gut durchschwenken. **Zucker** und **Balsamico-Essig** dazugeben, mit **Salz** und **Pfeffer** abschmecken. Kurz abkühlen lassen. • Den lauwarmen Bulgur auf zwei Teller verteilen, den lauwarmen Fenchelsalat darauf anrichten und servieren.

LAUWARMER HIRSESALAT MIT GRATINIERTER AUBERGINE

Vor dem Sport

Nährwerte pro Portion:
565 kcal
KH 57 g, F 23 g, EW 29 g

Für 2 Personen

Zubereitungszeit: 60 Minuten

AUBERGINEN
1 große Aubergine
Salz
2 EL Panko-Panierbrösel
2 EL geriebener Cheddar
1 TL weiche Butter
2 Prisen gemahlener Kreuzkümmel
    (Cumin; alternativ Kurkumapulver)
schwarzer Pfeffer aus der Mühle

SALAT
100 g Hirse
Salz
150 g Rinderhackfleisch
3 TL Olivenöl
2 entsteinte Datteln
¼ Granatapfel
5 Minzblätter
Saft von 1 Limette
1 TL Honig
schwarzer Pfeffer aus der Mühle

Den Backofen auf 180 °C Ober-/Unterhitze vorheizen. • Die **Aubergine** waschen, längs halbieren und das Fruchtfleisch kreuzweise einschneiden, dabei die Schale nicht verletzen. Mit **Salz** bestreuen, mit den Schnittflächen nach oben auf ein Backblech setzen und im vorgeheizten Ofen 30–45 Minuten garen, bis das Fruchtfleisch weich ist. • Währenddessen für den Salat die **Hirse** in **Salzwasser** nach Packungsangaben garen. • Das **Rinderhackfleisch** in einer Pfanne in 1 TL heißem **Olivenöl** bei mittlerer bis hoher Hitze unter Rühren bröselig anbraten. **Datteln** klein würfeln, mit der gegarten Hirse zugeben, alles gut vermengen und in eine Schüssel füllen. • **Granatapfelkerne** auslösen. **Minzblätter** waschen, trocken tupfen, in feine Streifen schneiden und mit den Granatapfelkernen zur Hirsemischung geben. • **Limettensaft,** restliches **Olivenöl** und **Honig** mit etwas **Salz** und **Pfeffer** zu einer Vinaigrette rühren und über den Salat gießen. Alles gut vermengen und nochmals abschmecken. • Die Auberginen herausnehmen und den Backofen auf Grillfunktion stellen. • **Panko-Brösel** mit den Händen zerreiben und mit **Cheddar** und weicher **Butter** vermengen. Mit **Kreuzkümmel, Salz** und **Pfeffer** würzen, die Gratiniermasse auf die gebackenen Auberginenhälften streichen und 5 Minuten unter dem Backofengrill gratinieren. • Lauwarmen Hirsesalat auf zwei Teller verteilen, je eine gratinierte Auberginenhälfte daraufsetzen und servieren.

Glutenfreie Variante
Für eine glutenfreie Variante statt Panko-Panierbröseln gemahlene blanchierte Mandeln oder Mandelmehl nehmen.

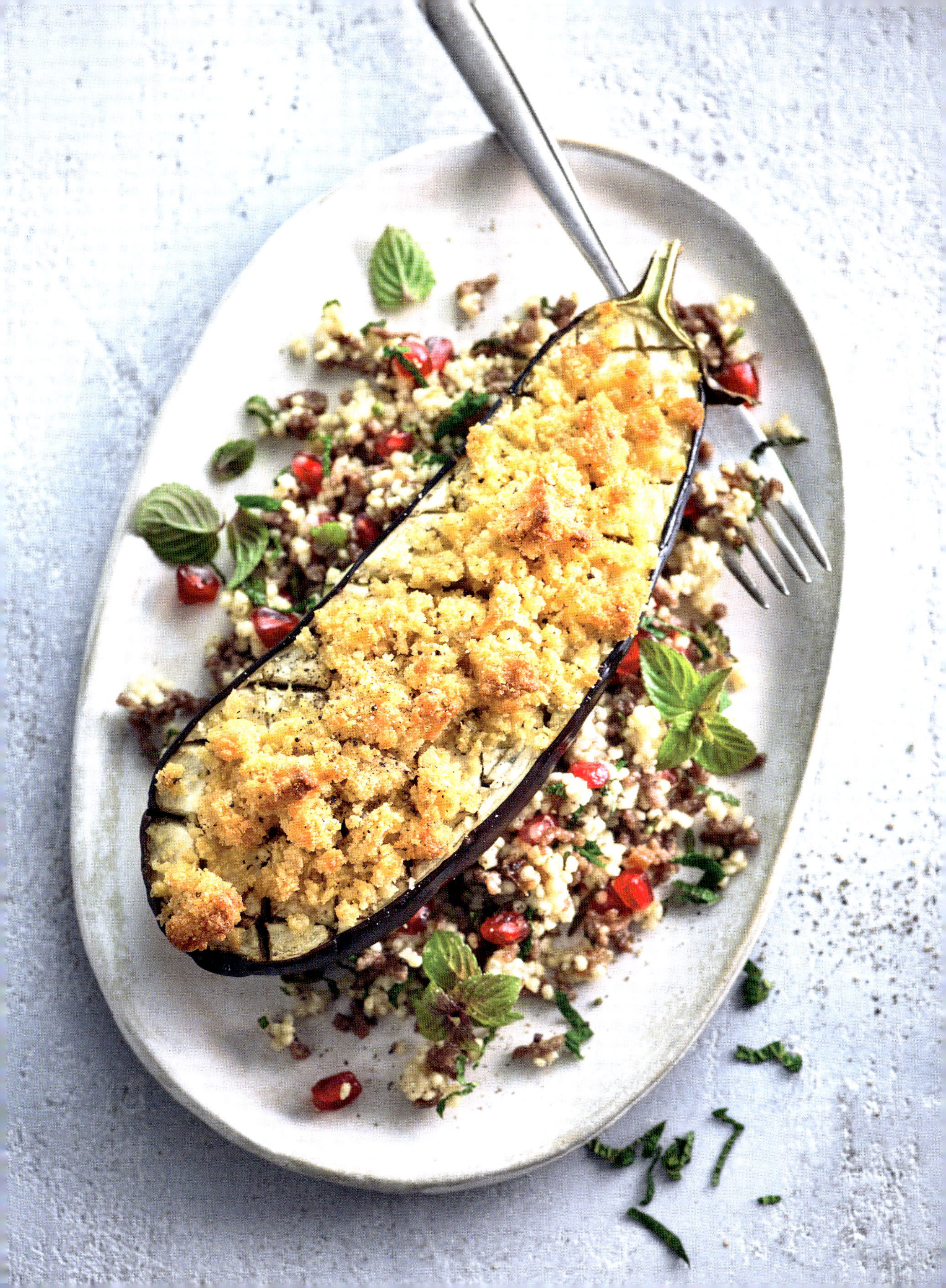

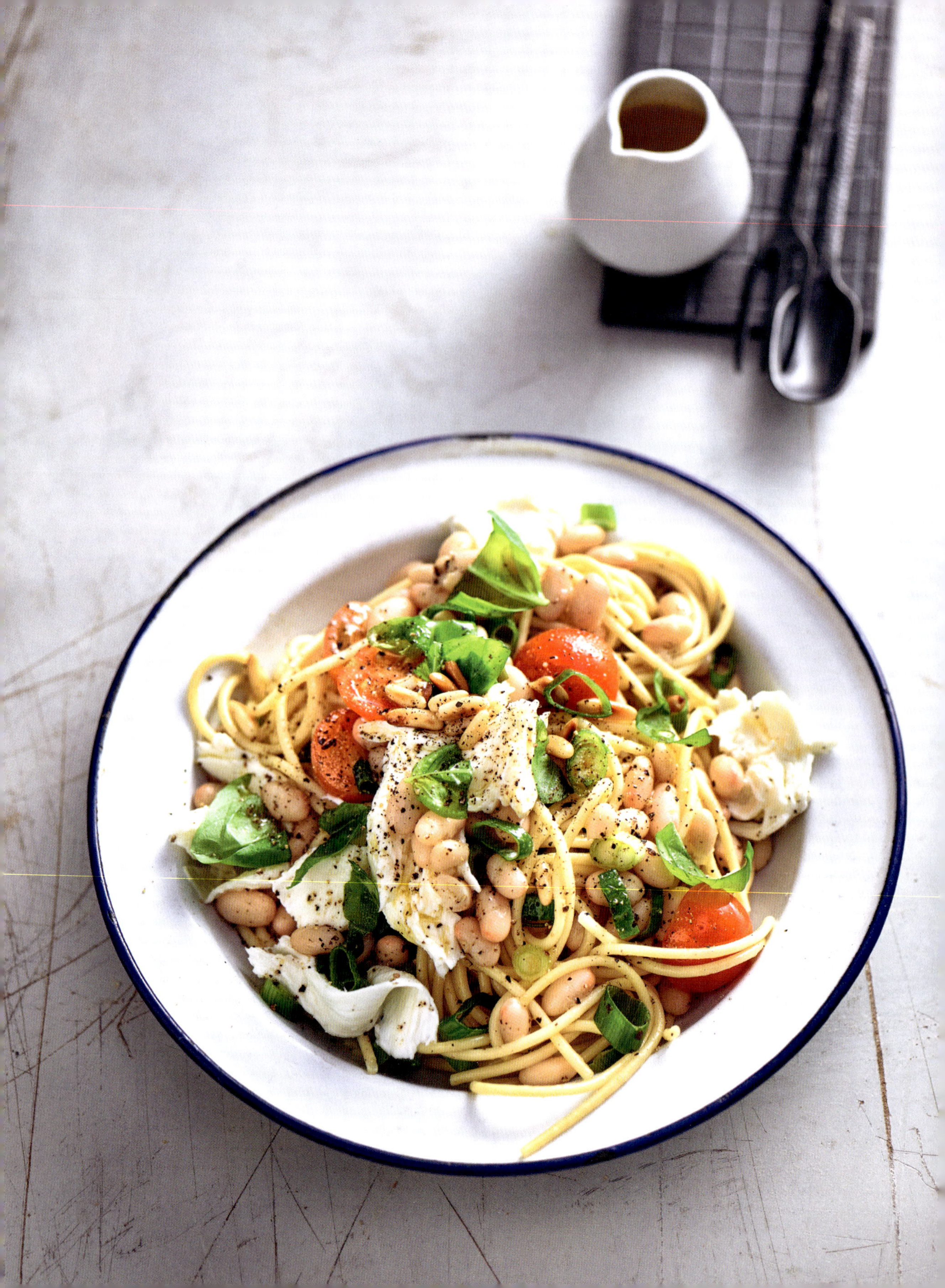

LAUWARMER NUDELSALAT MIT MOZZARELLA UND WEISSEN BOHNEN

Vor dem Sport, vegetarisch

Nährwerte pro Portion:
595 kcal
KH 79 g, F 19 g, EW 22 g

Für 2 Personen

NUDELSALAT
200 g Spaghetti
Salz
1 EL Pinienkerne
75 g weiße Bohnen (aus der Dose)
½ Kugel Mozzarella (ca. 60 g)
ca. 5 Kirschtomaten
1 Frühlingszwiebel
4 Stängel Basilikum

VINAIGRETTE
2 ½ EL weißer Balsamico-Essig
2 ½ EL Limonen-Olivenöl
2 Msp. Zucker
Salz
schwarzer Pfeffer aus der Mühle

Zubereitungszeit: 25 Minuten

Für den Nudelsalat **Spaghetti** in reichlich **Salzwasser** al dente garen, dann abgießen und kurz abtropfen lassen. • Währenddessen die **Pinienkerne** in einer kleinen Pfanne ohne Fettzugabe rösten. • **Bohnen** in ein Sieb geben, unter fließendem kaltem Wasser abbrausen und abtropfen lassen. **Mozzarella** zerpflücken. **Kirschtomaten** waschen und halbieren. Die **Frühlingszwiebel** waschen, putzen und in feine Ringe schneiden. **Basilikumblätter** abbrausen, trocken tupfen und in feine Streifen schneiden. • Alle vorbereiteten Zutaten mit den Pinienkernen in eine große Schüssel geben. Die heißen Spaghetti hinzufügen und alles locker vermengen. • Für die Vinaigrette **Balsamico-Essig, Limonen-Olivenöl** und **Zucker** mit etwas **Salz** und **Pfeffer** verrühren, über den Salat gießen und vermengen. Kurz ziehen lassen, nochmals abschmecken und lauwarm servieren.

Glutenfreie Variante
Für eine glutenfreie Variante statt normaler Pasta Vollkornreisspaghetti verwenden.

MEIN NIZZA-SALAT MIT BURRATA

Vor dem Sport

Nährwerte pro Portion:
584 kcal
KH 46 g, F 27 g, EW 29 g

Für 2 Personen

Zubereitungszeit: 25 Minuten

SALAT
150 g festkochende Kartoffeln
Salz
150 g grüne Bohnen
1 kleine rote Zwiebel
2 Eier, hart gekocht
100 g Thunfisch in Öl oder im eigenen Saft (aus der Dose), abgetropft
2–3 entsteinte grüne Oliven
2–3 entsteinte schwarze Oliven
1 TL Kapern (aus dem Glas)
2 dicke Scheiben Ciabatta
1 TL Butter
1 kleine Knoblauchzehe
1 Kugel Burrata (100 g)

VINAIGRETTE
2 EL weißer Balsamico-Essig
2 Msp. Zucker
½ TL grober Senf
2 ½ EL qualitativ hochwertiges Olivenöl
Salz
schwarzer Pfeffer aus der Mühle
½ TL fein gehackter frischer Zitronenthymian

Für den Salat die **Kartoffeln** schälen, grob würfeln und in **Salzwasser** gar kochen. Dann abgießen und lauwarm abkühlen lassen. • Inzwischen die **Bohnen** putzen, waschen und in **Salzwasser** bissfest blanchieren. Abgießen, in kaltem Wasser abschrecken und abtropfen lassen. • **Zwiebel** schälen und in feine Spalten schneiden. Die **Eier** pellen und würfeln. Den **Thunfisch** grob zerpflücken. • Kartoffeln und Bohnen in eine Schüssel geben. Zwiebeln, Eier und Thunfisch mit **grünen** und **schwarzen Oliven** sowie **Kapern** zugeben und vorsichtig vermengen. • Für die Vinaigrette **Balsamico-Essig, Zucker, Senf** und **Olivenöl** mit etwas **Salz** und **Pfeffer** verrühren. Fein gehackten **Zitronenthymian** unterrühren, über den Salat gießen und locker vermengen. • **Ciabatta** würfeln und in einer Pfanne in **Butter** bei mittlerer Hitze unter gelegentlichem Rühren rösten. **Knoblauchzehe** schälen, in die Pfanne pressen und mitrösten. Die Knoblauchbrotwürfel unter den Salat mengen. • Die **Burrata** grob zerpflücken, auf den Nizza-Salat geben und servieren.

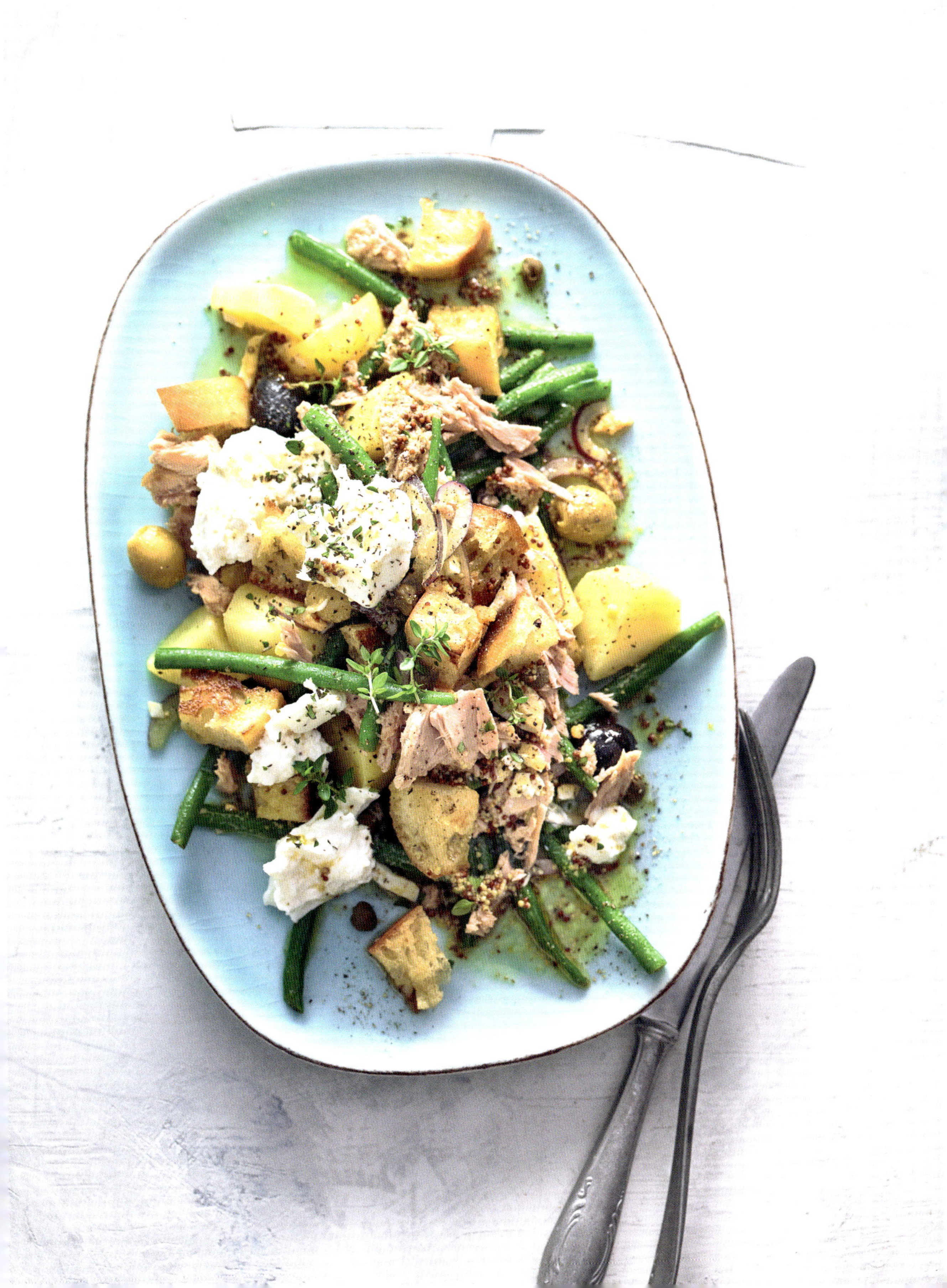

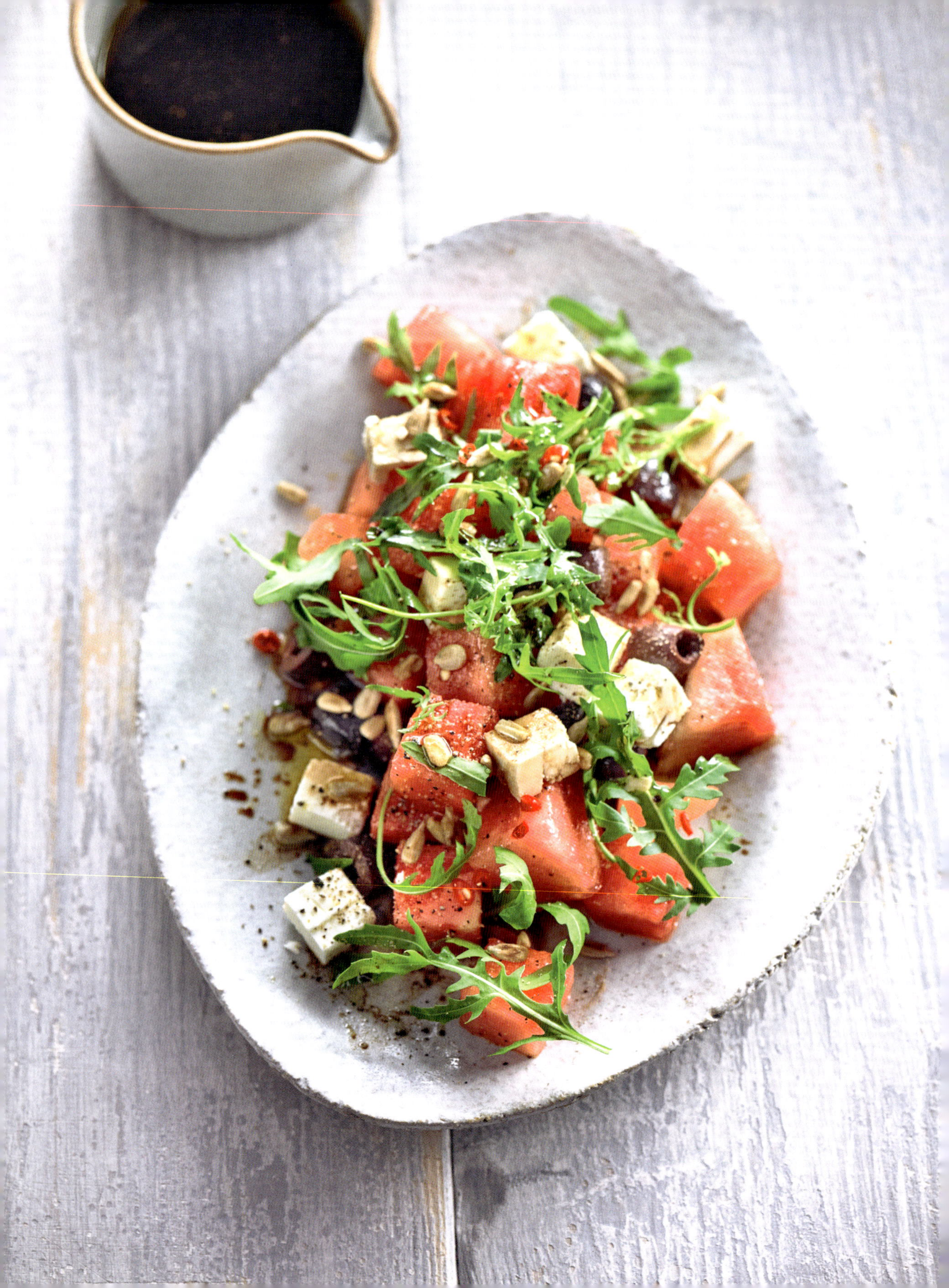

MELONENSALAT MIT SCHAFSKÄSE, SONNENBLUMENKERNEN UND LIMONENÖL

Nach dem Sport, glutenfrei, vegetarisch

Nährwerte pro Portion:
342 kcal
KH 13 g, F 27 g, EW 12 g

Für 2 Personen

SALAT
3 TL Sonnenblumenkerne
250 g Wassermelone
100 g Schafskäse (Feta)
2 EL entsteinte ligurische Taggiasca-Oliven
½ Bund Rucola

DRESSING
1 EL dunkler Balsamico-Essig
2 EL Limonen-Olivenöl
Salz
schwarzer Pfeffer aus der Mühle
½ TL fein gewürfelte rote Chilischote

Zubereitungszeit: 15 Minuten

Für den Salat die **Sonnenblumenkerne** in einer kleinen Pfanne ohne Fettzugabe rösten und abkühlen lassen. • **Wassermelone** schälen, in 3–4 cm große Würfel schneiden und in eine Schüssel geben. **Schafskäse** klein würfeln und hinzufügen. • **Oliven** halbieren. **Rucola** waschen, trocken schleudern, grob zerkleinern und mit Oliven und gerösteten Sonnenblumenkernen ebenfalls in die Schüssel geben. • Für das Dressing **Balsamico-Essig** und **Limonen-Olivenöl** mit etwas **Salz** und **Pfeffer** verrühren. Die **Chiliwürfel** einrühren. • Das Dressing über den Melonensalat gießen, alles locker vermengen und servieren.

Tipp
Die grün-violetten oder grün-braunen Taggiasca-Oliven sind eine ligurische Spezialität, die in der Region der Stadt Taggia hergestellt wird. Sie sind klein, aber fleischig und sehr aromatisch. Wenn ihr keine Taggiasca-Oliven bekommen könnt, dann nehmt Kalamata-Oliven oder eine andere Sorte.

PEPERONATA-SALAT MIT PILZEN UND RUCOLAPESTO

Nach dem Sport, glutenfrei, vegetarisch

**Nährwerte pro Portion:
239 kcal**
KH 9 g, F 21 g, EW 11 g

Für 2 Personen

SALAT
2 rote Paprikaschoten
125 g Pfifferlinge
1–2 Schalotten
1 Knoblauchzehe
1 TL Olivenöl
Saft von ½ Zitrone
Salz
schwarzer Pfeffer aus der Mühle

PESTO
1 EL Pinienkerne
½ Bund Rucola
2 ½ EL qualitativ hochwertiges Olivenöl
1 EL weißer Balsamico-Essig
1 EL frisch geriebener Parmesan
Salz
schwarzer Pfeffer aus der Mühle

Zubereitungszeit: 30 Minuten

Den Backofen bei Grillfunktion auf höchster Stufe vorheizen. • Für den Salat **Paprikaschoten** längs halbieren, entkernen und abbrausen. Dann mit der Hautseite nach oben auf ein Backblech legen und im vorgeheizten Ofen so lange rösten, bis die Haut schwarz wird. • Inzwischen für das Pesto **Pinienkerne** in einer kleinen Pfanne ohne Fettzugabe rösten und abkühlen lassen. Den **Rucola** waschen und trocken schleudern. • Die Paprika aus dem Ofen nehmen, kurz unter ein feuchtes Küchentuch legen, dann die Haut abziehen und Paprika in Streifen schneiden. • Die **Pfifferlinge** putzen. **Schalotten** und **Knoblauchzehe** schälen und fein würfeln. Die Pilze mit Schalotten und Knoblauch in einer Pfanne im heißen **Olivenöl** anbraten. Die Paprikastreifen zugeben, mit **Zitronensaft** beträufeln und mit **Salz** und **Pfeffer** würzen. Vom Herd nehmen und warm halten. • Pinienkerne, Rucola, **Olivenöl** und **Balsamico-Essig** im Mixbecher mit dem Stabmixer glatt mixen. Dann den **Parmesan** unterrühren und das Pesto mit **Salz** und **Pfeffer** abschmecken. • Lauwarmen Peperonata-Salat auf zwei Teller verteilen, mit Rucolapesto beträufeln und genießen.

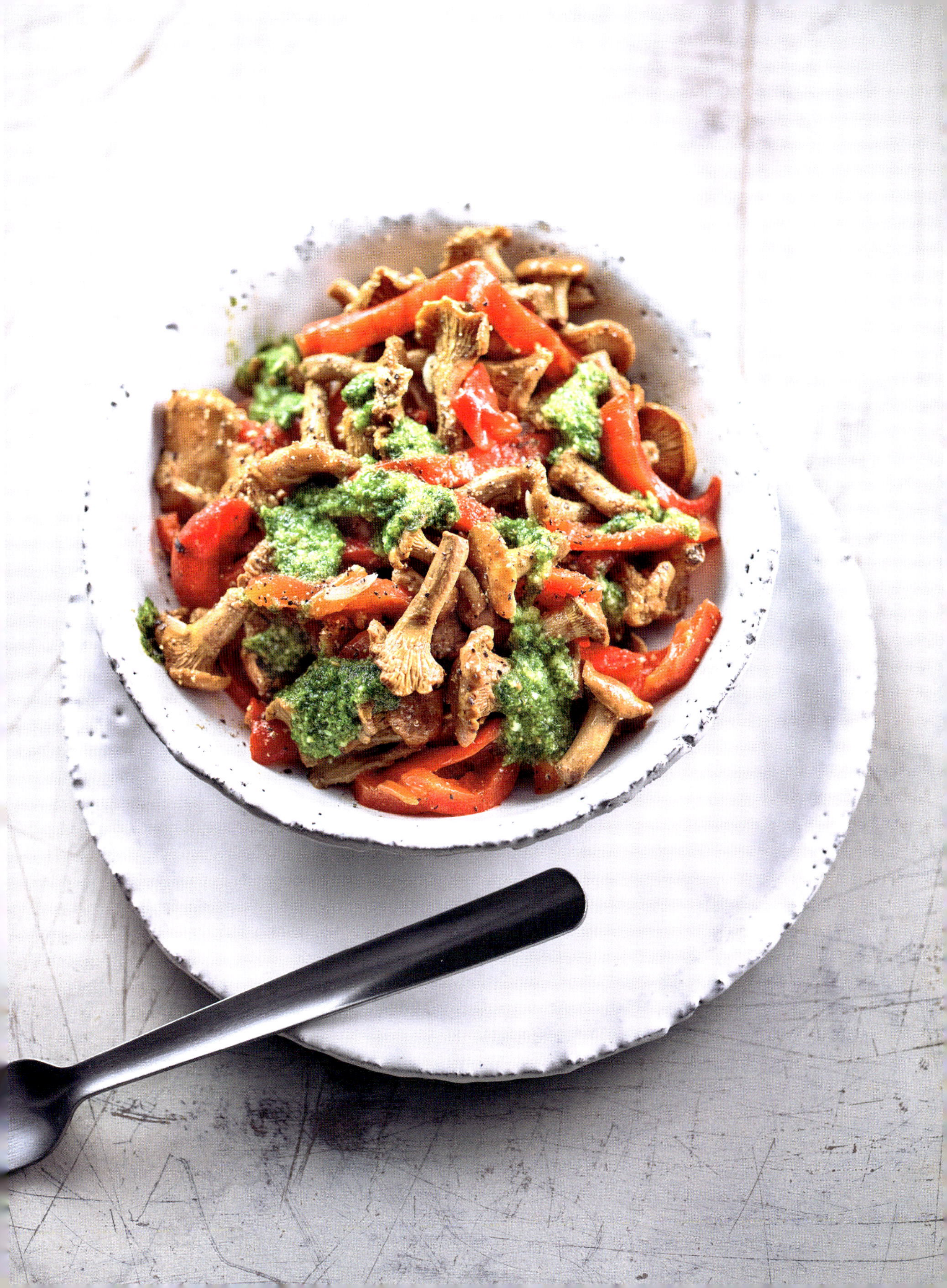

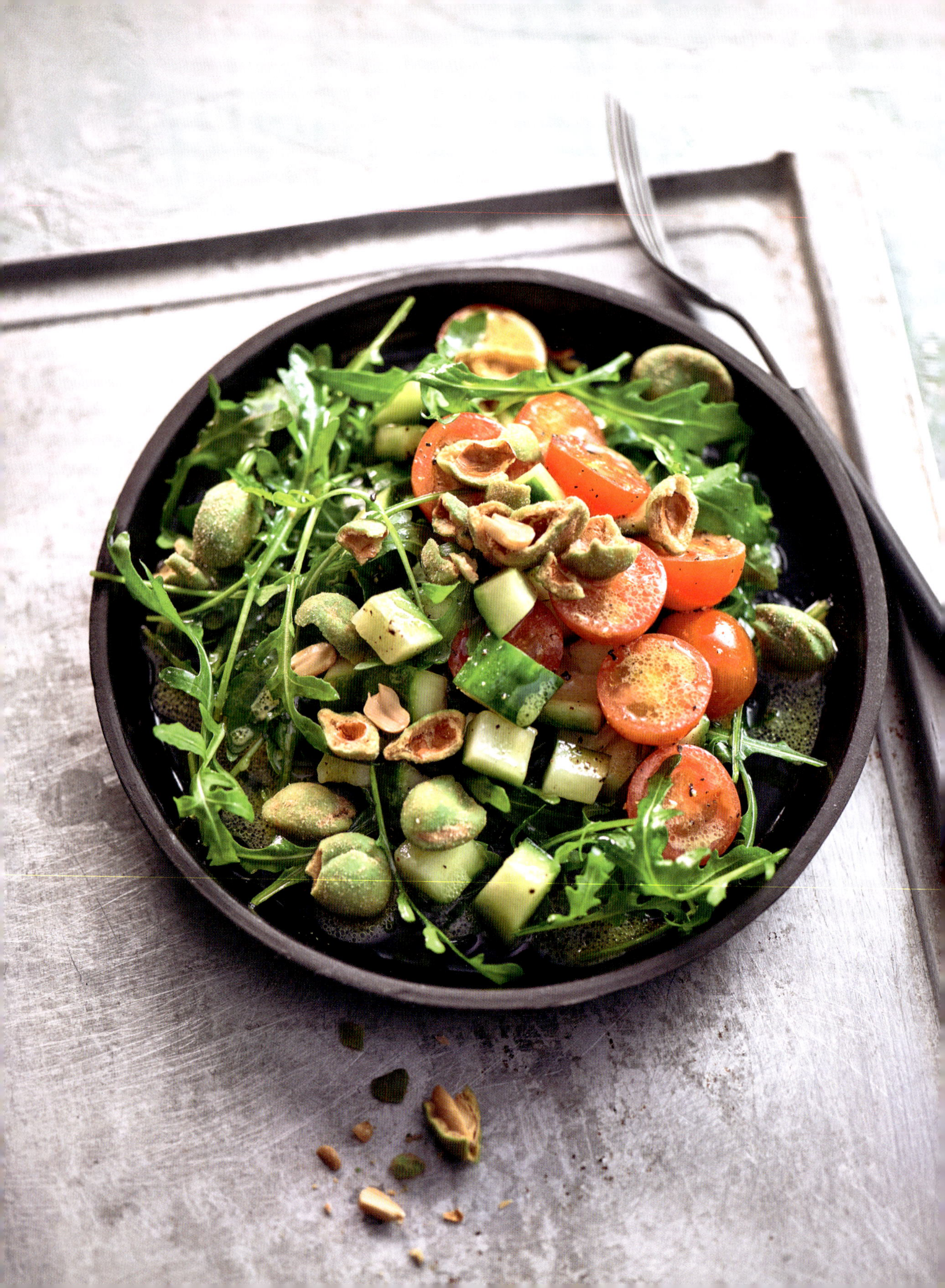

RUCOLASALAT MIT WASABI-DRESSING UND NÜSSEN

Nach dem Sport, laktosefrei, vegan

**Nährwerte pro Portion:
137 kcal**
KH 13 g, F 8 g, EW 4 g

Für 2 Personen

SALAT
1 ½ Bund Rucola (ca. 150 g)
1 kleine Salatgurke (100–120 g)
ca. 5 Kirschtomaten
2 EL Wasabinüsse

DRESSING
3 TL Sushi-Essig
½ TL Wasabipaste
1 EL Maiskeimöl
1 Prise Zucker
Salz

Zubereitungszeit: 15 Minuten

Für den Salat den **Rucola** waschen, trocken schleudern und in eine Schüssel geben. **Salatgurke** längs halbieren, entkernen und würfeln. Die **Kirschtomaten** waschen, halbieren und mit der Gurke zum Rucola geben. • Für das Dressing **Sushi-Essig, Wasabipaste, Maiskeimöl** und **Zucker** mit etwas **Salz** verrühren, über den Salat träufeln und locker vermengen. • **Wasabinüsse** grob hacken. Rucolasalat auf zwei Tellern anrichten, mit Wasabinüssen bestreuen und servieren.

Glutenfreie Variante

Für eine glutenfreie Variante darauf achten, dass Wasabinüsse und Wasabipaste keine glutenhaltigen Bestandteile enthalten.

KNUSPERBROT MIT TOMATEN-SALAT UND ROTEN ZWIEBELN

Nach dem Sport, vegetarisch

Nährwerte pro Portion:
306 kcal
KH 38 g, F 13 g, EW 7 g

Für 2 Personen

BROTE
2 Scheiben Graubrot
1 TL Olivenöl
2–3 vollreife Eiertomaten
1 kleine rote Zwiebel
1 EL Doppelrahmfrischkäse
½ TL Basilikumpesto (Fertigprodukt)

DRESSING
1 EL dunkler Balsamico-Essig
1 TL Honig
3 TL Limonen-Olivenöl
1 Msp. sehr fein gehackter frischer Zitronenthymian
Salz
schwarzer Pfeffer aus der Mühle

Zubereitungszeit: 10 Minuten

Graubrotscheiben in einer Pfanne in heißem **Olivenöl** von beiden Seiten rösten. • In der Zwischenzeit **Eiertomaten** waschen, Stielansätze entfernen und Fruchtfleisch in Scheiben schneiden. Die **Zwiebel** schälen und in dünne Ringe schneiden. • **Frischkäse** mit **Basilikumpesto** verrühren und auf die gerösteten Brotscheiben streichen. • Tomatenscheiben fächerartig auf die Brote legen, die Zwiebelringe darauf verteilen. • Für das Dressing **Balsamico-Essig, Honig, Limonen-Olivenöl** und **Zitronenthymian** mit etwas **Salz** und **Pfeffer** verrühren. • Je ein Brot auf zwei Teller setzen, mit dem Dressing beträufeln und genießen.

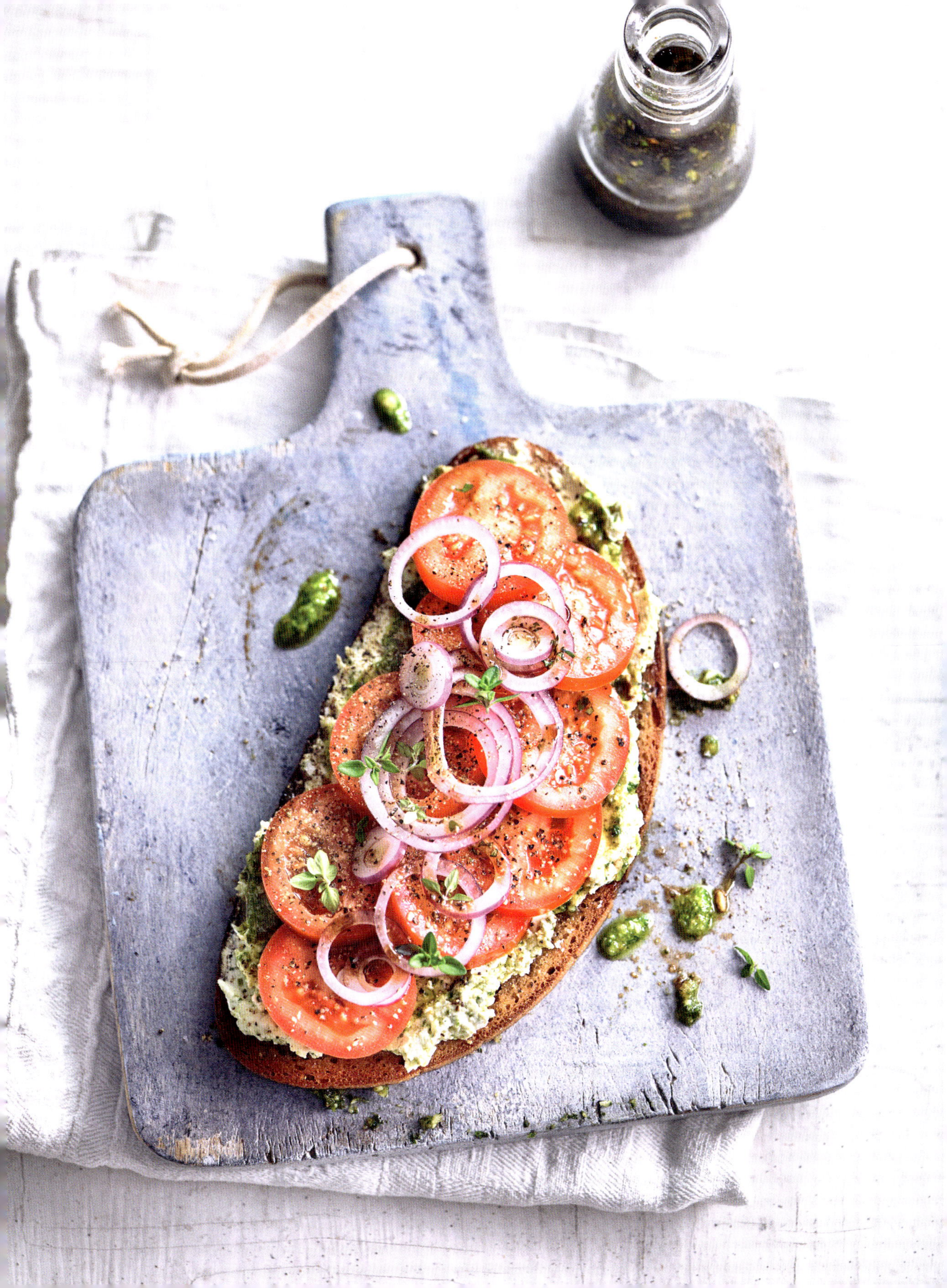

CHEAT DAY!

COUSCOUS-SALAT „1001 NACHT" MIT GERÄUCHERTEM LACHS

Vor dem Sport

**Nährwerte pro Portion:
669 kcal**
KH 40 g, F 45 g, EW 36 g

Für 2 Personen

100 g Couscous
Salz
½ Salatgurke
150 g Schafskäse (Feta)
½ Granatapfel
Saft von 1 Limette
4 EL qualitativ hochwertiges Olivenöl
1 EL Sahnemeerrettich (aus dem Glas)
1 Prise Zucker
schwarzer Pfeffer aus der Mühle
125 g heiß geräuchertes Lachsfilet (Stremellachs)
1 Stängel Dill

Zubereitungszeit: 25 Minuten plus 15 Minuten Quellzeit

Couscous mit 2–3 Msp. **Salz** in einer Schüssel vermengen, mit 125 ml kochend heißem Wasser übergießen und 15 Minuten quellen lassen. Anschließend mit einer Gabel auflockern. • **Salatgurke** waschen, längs halbieren, entkernen und klein würfeln. Den **Schafskäse** ebenfalls fein würfeln. Die Kerne aus dem **Granatapfel** herauslösen und mit Gurken- und Käsewürfeln zum Couscous geben. • **Limettensaft, Olivenöl, Sahnemeerrettich** und **Zucker** mit etwas **Salz** und **Pfeffer** verrühren und über den Salat gießen. Alles locker vermengen und auf zwei Teller verteilen. • Den **Stremellachs** in Stücke zupfen und auf dem Couscous-Salat verteilen. Den **Dill** waschen, trocken schütteln, die Spitzen abzupfen, den Salat damit garnieren und servieren.

RUCOLASÜPPCHEN MIT KOKOS

Nach dem Sport, glutenfrei, laktosefrei, vegetarisch

**Nährwerte pro Portion:
358 kcal**
KH 7 g, F 34 g, EW 4 g

Für 2 Personen

¼ rote Chilischote
1 Schalotte
1 TL Butterschmalz oder Kokosöl
1 EL Kokosraspel
250 ml Kokosmilch
1 TL Mango-Chutney
1 Kaffir-Limettenblatt
½ Bund Rucola
Salz
schwarzer Pfeffer aus der Mühle
4 Knoblauchzehen
2–3 EL Olivenöl

Zubereitungszeit: 15 Minuten plus 10 Minuten Garzeit

Chilischote entkernen, waschen und würfeln. **Schalotte** schälen, würfeln und in einem Topf in **Butterschmalz** anschwitzen. • **Kokosraspel** dazugeben und kurz anrösten. Mit **Kokosmilch** ablöschen. Chiliwürfel, **Mango-Chutney** und **Kaffir-Limettenblatt** zugeben und 10 Minuten köcheln lassen. Limettenblatt herausnehmen. • **Rucola** waschen, trocken schleudern, in die Suppe geben und mit dem Stabmixer fein pürieren. Mit **Salz** und **Pfeffer** abschmecken. • **Knoblauchzehen** schälen, in dünne Scheiben schneiden und in einer kleinen Pfanne in heißem **Olivenöl** bei mittlerer Hitze knusprig braten. Die Knoblauchchips auf Küchenpapier kurz abtropfen lassen. • Das Rucolasüppchen in zwei tiefe Teller oder Schalen beziehungsweise Gläser füllen, mit den Knoblauchchips bestreuen und servieren.

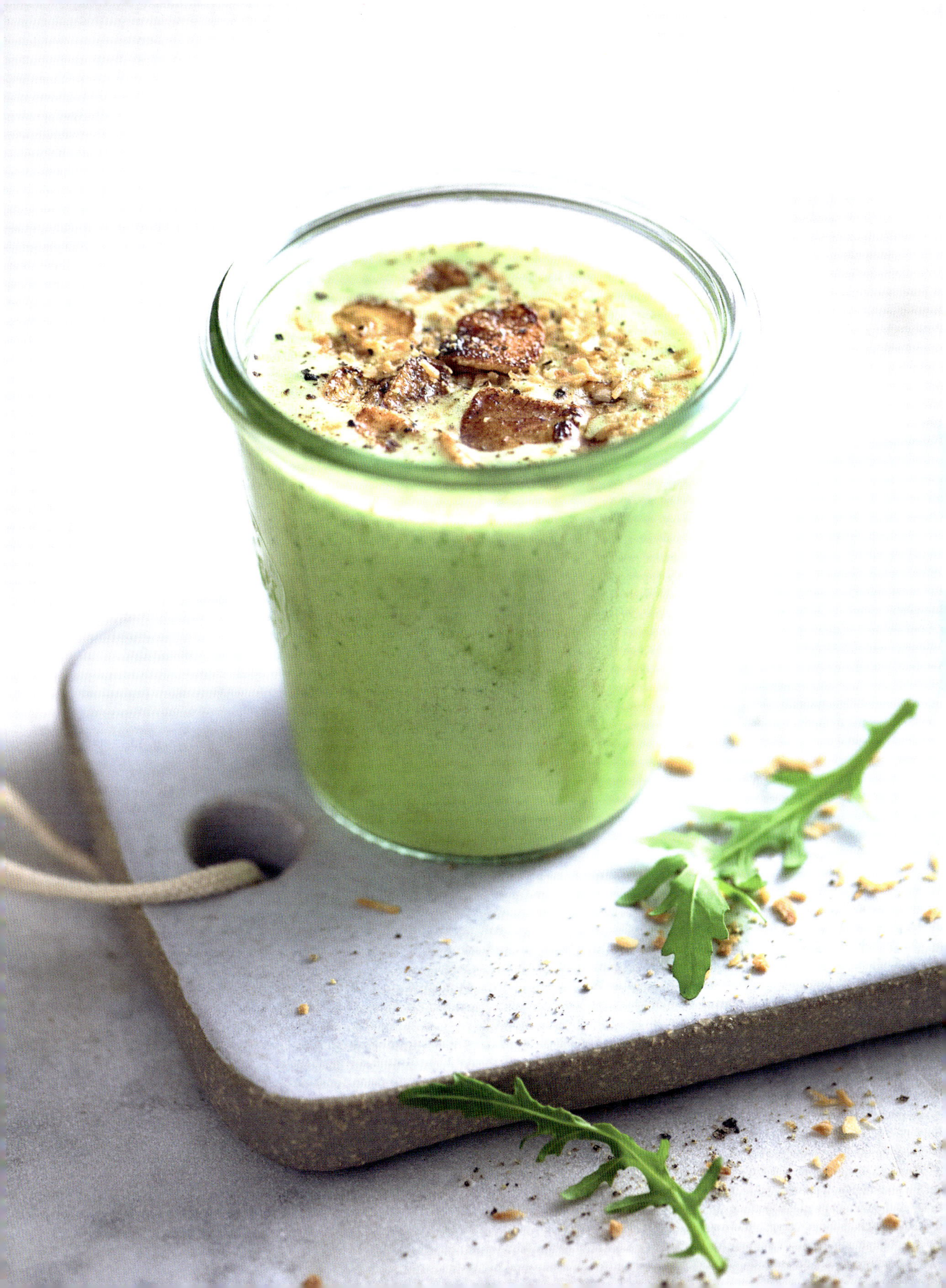

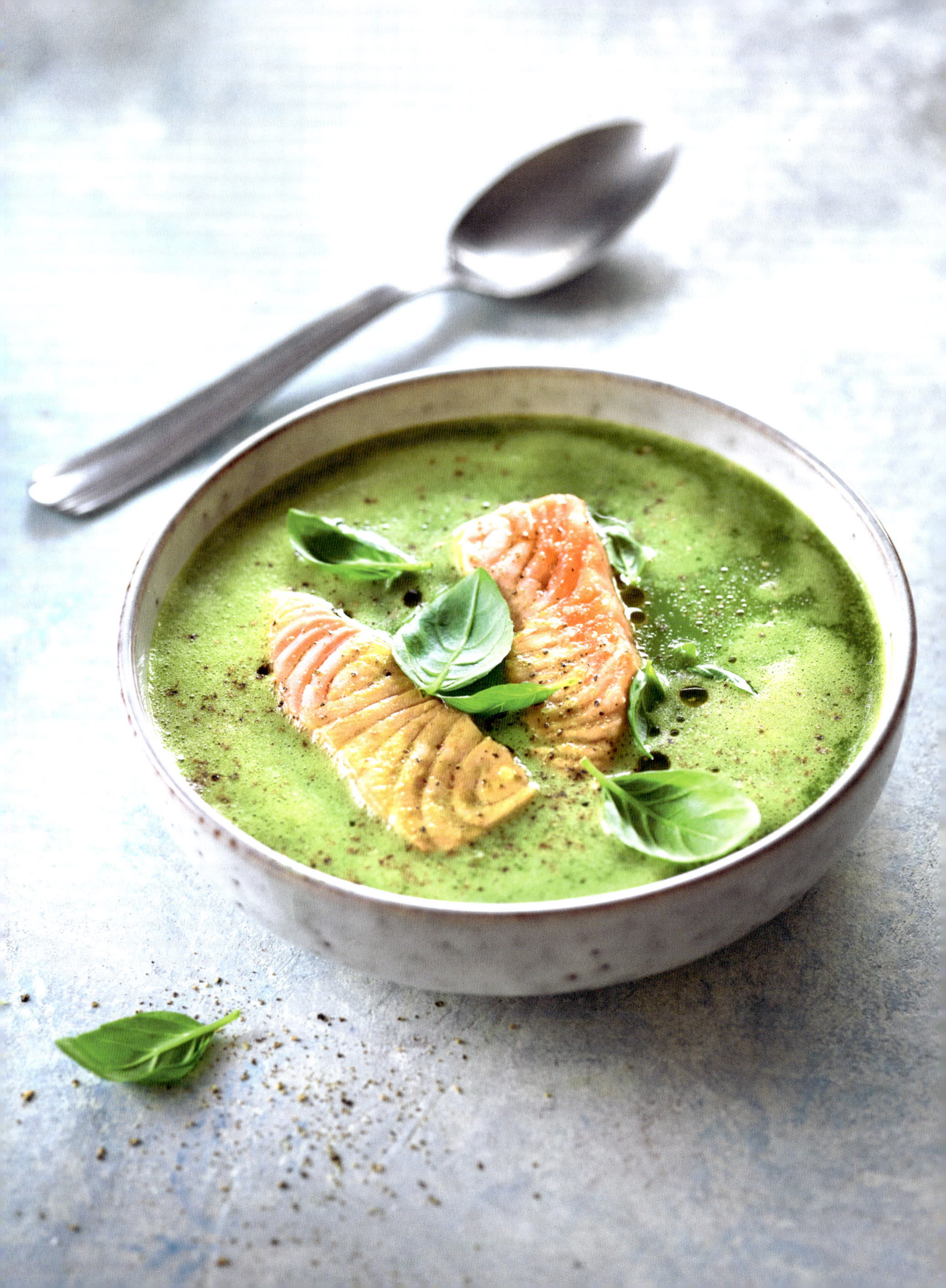

BASILIKUMSCHAUMSUPPE MIT LACHS

Nach dem Sport

Nährwerte pro Portion:
282 kcal
KH 8 g, F 21 g, EW 10 g

Für 2 Personen

1 Schalotte
1 TL Butter
1 TL Weizenmehl (Type 405)
50 ml trockener Weißwein
300 ml Gemüsebrühe
 (alternativ Instantbrühe)
100 g Crème fraîche
50 g Basilikumblätter
1 EL frisch geriebener Parmesan
1 TL grober Senf
1 Spritzer Zitronensaft
Salz
schwarzer Pfeffer aus der Mühle
75 g küchenfertiges frisches Lachsfilet
 ohne Haut (Sushi-Qualität)

Zubereitungszeit: 20 Minuten

Schalotte schälen, fein würfeln und in einem Topf in **Butter** farblos anschwitzen. **Mehl** darüberstäuben und bei mittlerer Hitze mit einem Schneebesen rühren, bis eine helle Mehlschwitze entstanden ist. • Mit **Weißwein** ablöschen und weiterrühren, bis die Sauce glatt ist. **Brühe** einrühren, dann **Crème fraîche** dazugeben und 10 Minuten leicht köcheln lassen. • **Basilikumblätter** abbrausen, trocken tupfen und einige Blättchen zum Garnieren beiseitelegen. Restliches Basilikum, **Parmesan** und **Senf** zur Suppe geben und mit dem Stabmixer glatt und schaumig mixen. **Zitronensaft** mit etwas **Salz** und **Pfeffer** einrühren – nach Belieben die Suppe durch ein feines Sieb passieren. • **Lachs** in dünne Streifen schneiden und auf zwei vorgewärmte tiefe Teller oder Schalen verteilen. Die heiße Basilikumschaumsuppe noch mal schaumig aufmixen und über die Lachsstreifen gießen. Mit beiseitegelegten Basilikumblättchen garnieren und servieren.

Glutenfreie Variante

Für eine glutenfreie Variante das Weizenmehl durch Kartoffelmehl ersetzen und glutenfreie Gemüsebrühe verwenden.

CREMIGE MEERRETTICHSUPPE MIT APFEL

Nach dem Sport, vegetarisch

**Nährwerte pro Portion:
322 kcal**
KH 21 g, F 23 g, EW 3 g

Für 2 Personen

1–2 Schalotten
1 säuerlicher Apfel (z. B. Boskop)
1 TL Butter
½ Vanilleschote
1 TL Weizenmehl (Type 405)
50 ml Prosecco
2 ½ EL Sahnemeerrettich
    (aus dem Glas)
100 g Sahne
250 ml Gemüsebrühe
    (alternativ Instantbrühe)
1 Prise Zucker
Salz
schwarzer Pfeffer aus der Mühle

Zubereitungszeit: 15 Minuten plus 15 Minuten Garzeit

Die **Schalotten** schälen und fein würfeln. Den **Apfel** waschen und vierteln. Ein Apfelviertel beiseitelegen, die restlichen Apfelstücke schälen, entkernen und würfeln. • Schalotten in einem Topf in **Butter** farblos anschwitzen. Apfelwürfel zugeben und mit anschwitzen. **Vanilleschote** längs aufschlitzen, das Mark herauskratzen und zugeben. Das **Mehl** darüberstäuben und verrühren. Mit dem **Prosecco** ablöschen und den **Sahnemeerrettich** unterrühren. **Sahne** und **Gemüsebrühe** zugießen, aufkochen und 15 Minuten sanft köcheln lassen. Die Suppe mit dem Stabmixer fein pürieren und mit **Zucker, Salz** und **Pfeffer** abschmecken. • Das beiseitegelegte Apfelviertel entkernen und ungeschält in hauchdünne Scheiben hobeln. Die Meerrettichsuppe in zwei tiefe Teller oder Schalen füllen, mit Apfelscheiben garnieren und servieren.

Glutenfreie Variante
Für eine glutenfreie Variante das Weizenmehl durch Kartoffelmehl ersetzen und glutenfreie Gemüsebrühe verwenden.

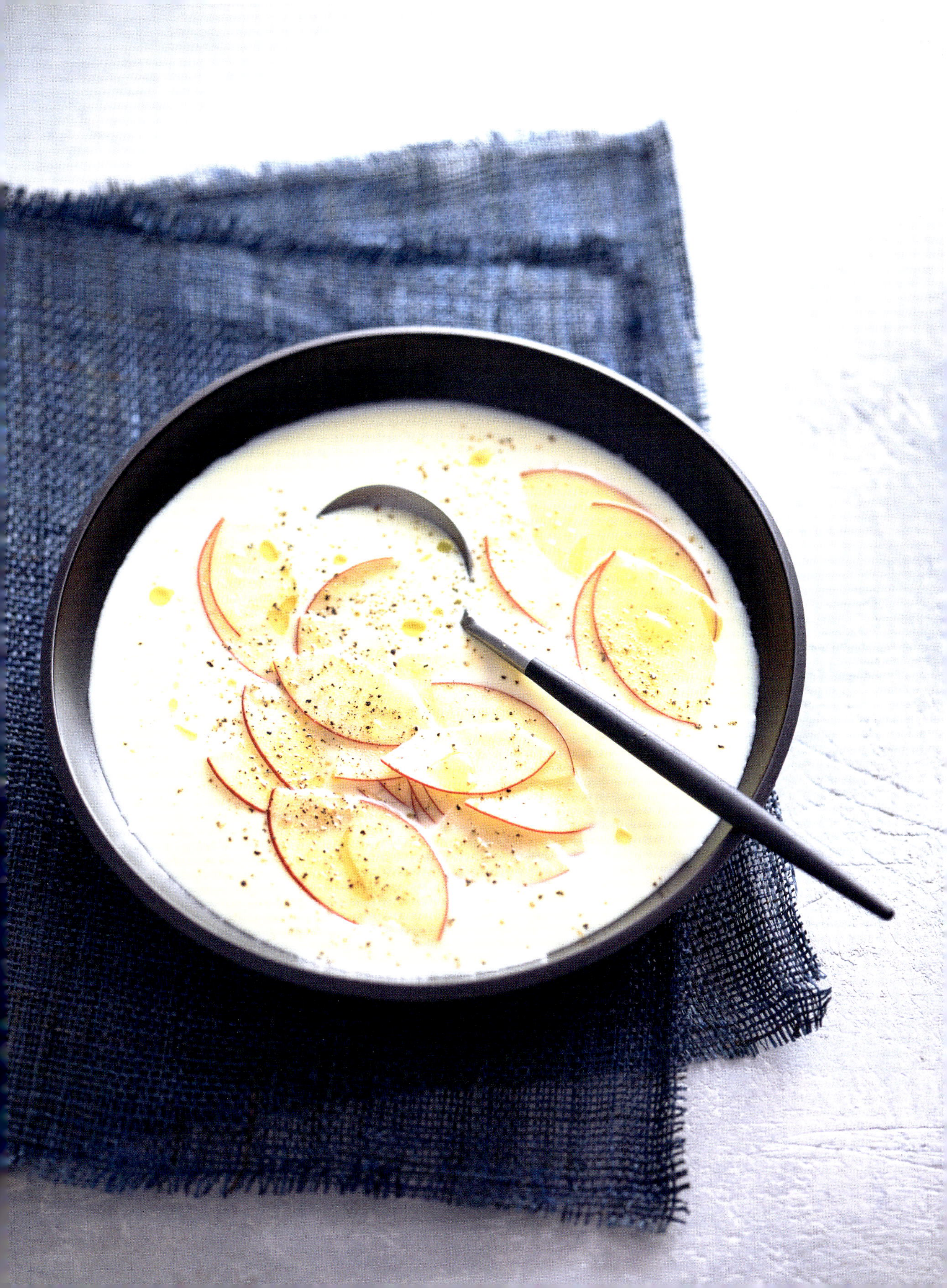

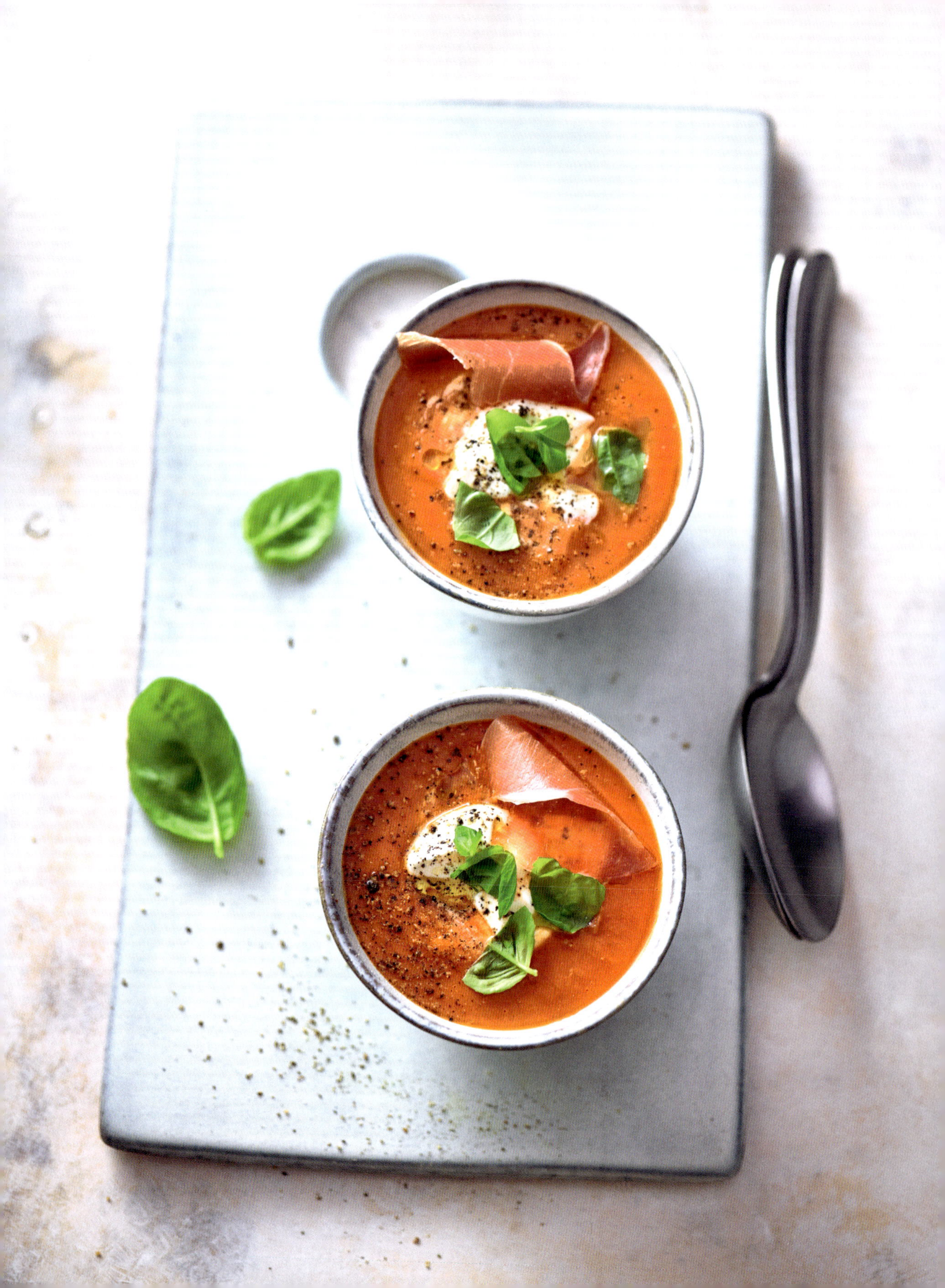

CREMIGE TOMATENSUPPE MIT JOGHURT UND PARMASCHINKEN

Nach dem Sport, glutenfrei

Nährwerte pro Portion:
278 kcal
KH 12 g, F 21 g, EW 13 g

Für 2 Personen

2 Knoblauchzehen
300 g reife Eiertomaten
3 EL Olivenöl
Salz
4 Scheiben Parmaschinken
½ rote Chilischote
1 kleine Zwiebel
200 g geschälte Eiertomaten (aus der Dose)
50 ml glutenfreie Gemüsebrühe (alternativ Instantbrühe)
4–5 Stängel Basilikum
2 EL griechischer Naturjoghurt (10 % Fett) plus 2 TL zum Garnieren
1 Prise Zucker
schwarzer Pfeffer aus der Mühle

Zubereitungszeit: 25 Minuten

Backofen auf 180 °C Ober-/Unterhitze vorheizen. • **Knoblauchzehen** schälen und grob hacken. **Eiertomaten** mehrfach einstechen, in eine Schüssel geben und mit Knoblauch, 2 EL **Olivenöl** und **Salz** marinieren. Dann auf ein kleines Backblech geben und im vorgeheizten Ofen 20 Minuten backen. • Inzwischen vom **Parmaschinken** eine halbe Scheibe nochmals halbieren und zum Garnieren beiseitelegen. Den restlichen Schinken klein schneiden. **Chilischote** waschen, entkernen und fein hacken. **Zwiebel** schälen, würfeln und in einem Topf im restlichen **Olivenöl** farblos andünsten. Klein geschnittenen Parmaschinken und Chili dazugeben und anschwitzen. • Gebackene Tomaten, **geschälte Eiertomaten** und **Gemüsebrühe** zugeben, aufkochen und 5 Minuten köcheln lassen. • Währenddessen das **Basilikum** abbrausen, die Blätter abzupfen und einige Blättchen zum Garnieren beiseitelegen. Restliche Basilikumblätter grob klein schneiden. • **Joghurt,** geschnittene Basilikumblätter und **Zucker** in die Suppe rühren und mit dem Stabmixer fein pürieren. • Mit **Salz** und **Pfeffer** abschmecken, die Tomatensuppe auf zwei tiefe Teller oder Schalen verteilen und mit dem beiseitegelegten Basilikum, Schinken und restlichem **Joghurt** garniert servieren.

FRUCHTIGE KÜRBISCREMESUPPE MIT MARONEN UND APRIKOSEN

Vor dem Sport, glutenfrei, vegetarisch

Nährwerte pro Portion:
274 kcal
KH 42 g, F 7 g, EW 3 g

Für 2 Personen

150 g Hokkaido-Kürbis
50 g vakuumverpackte vorgegarte Maronen
50 g Soft-Aprikosen
3 TL kalte Butter
½ TL Zucker
50 ml trockener Wermut (z. B. Noilly Prat)
300 ml glutenfreie Gemüsebrühe (alternativ Instantbrühe)
1 Prise Cayennepfeffer
1 Prise gemahlener Zimt
2 Msp. mildes Currypulver
2 EL süße Chilisauce
Salz
schwarzer Pfeffer aus der Mühle

Zubereitungszeit: 25 Minuten

Kürbis entkernen, waschen und ungeschält klein würfeln. **Maronen** und **Aprikosen** vierteln. • 1 TL **Butter** in einem Topf aufschäumen, Kürbis, Maronen und Aprikosen mit dem **Zucker** zugeben und bei mittlerer Hitze unter gelegentlichem Rühren 2–3 Minuten anschwitzen. • Mit dem **Wermut** ablöschen, **Gemüsebrühe** zugießen, aufkochen und 10 Minuten köcheln lassen. • **Cayennepfeffer, Zimt, Currypulver** und **Chilisauce** mit etwas **Salz** und **Pfeffer** einrühren, restliche **Butter** zugeben und mit dem Stabmixer fein pürieren. Nochmals abschmecken. • Die Kürbiscremesuppe in zwei tiefe Teller oder Schalen füllen und genießen.

Laktosefreie Variante

Für eine laktosefreie Variante die Butter durch Butterschmalz ersetzen.

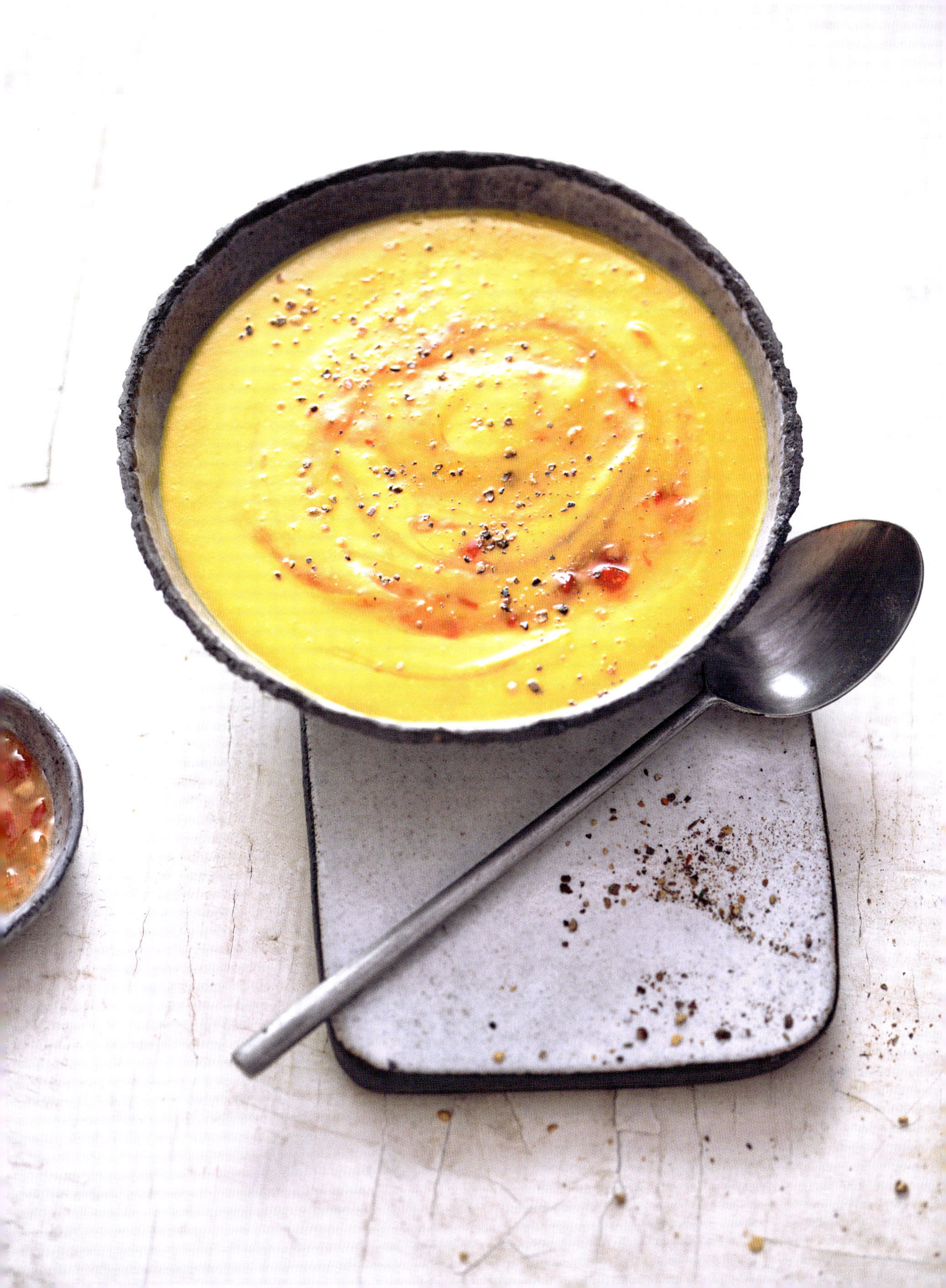

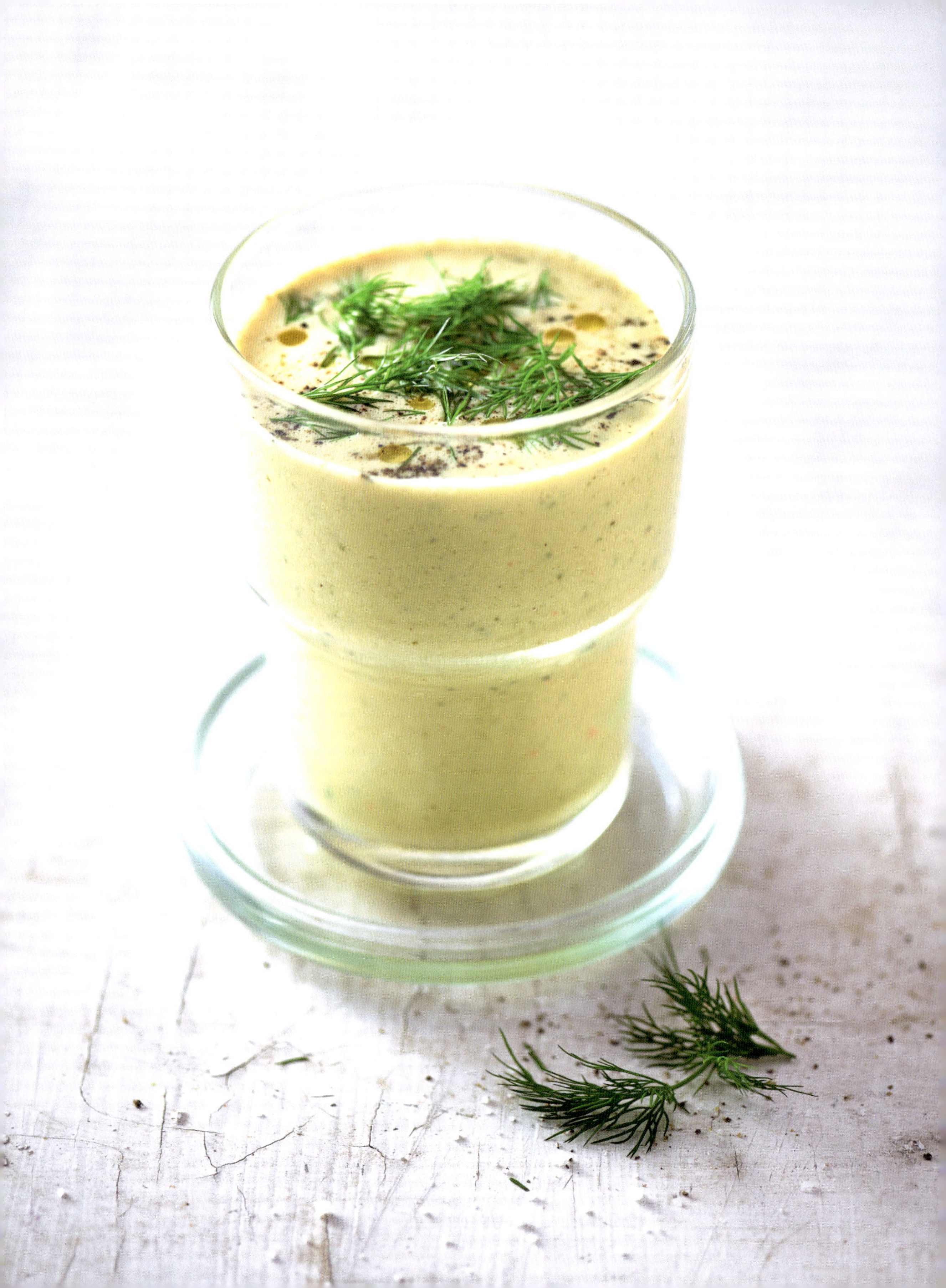

KALTE JOGHURTSUPPE MIT GURKE UND HARISSA

Nach dem Sport, glutenfrei, vegetarisch

Nährwerte pro Portion:
110 kcal
KH 9 g, F 4 g, EW 3 g

Für 2 Personen

1 kleine Schalotte
½ Salatgurke
1 TL Butter
½ TL Harissa-Paste
50 ml trockener Wermut
　(z. B. Noilly Prat)
100 ml glutenfreie Gemüsebrühe
　(alternativ Instantbrühe), gut gekühlt
100 g Naturjoghurt
1 TL Mango-Chutney
1 TL Zitronensaft
Salz
schwarzer Pfeffer aus der Mühle
Dillspitzen oder Petersilienblätter
　zum Garnieren

Zubereitungszeit: 15 Minuten

Schalotte schälen und fein würfeln. **Salatgurke** waschen, putzen und ebenfalls fein würfeln. Die Schalottenwürfel in einem Topf in **Butter** farblos anschwitzen. Gurkenwürfel dazugeben und 3–4 Minuten mitgaren. **Harissa-Paste** unterrühren, mit **Wermut** ablöschen und 2–3 Minuten köcheln lassen. • Dann in den Standmixer füllen und kurz abkühlen lassen. Kalte **Brühe, Naturjoghurt** und **Mango-Chutney** zugeben und gut durchmixen. Alternativ den Stabmixer verwenden. • **Zitronensaft** zugeben und mit **Salz** und **Pfeffer** abschmecken. Die kalte Joghurtsuppe am besten in zwei vorgekühlte große Gläser füllen und mit **Kräutern** garniert genießen.

LAUCHSUPPE „TANDOORI" MIT MANDELCRUNCH

Nach dem Sport, glutenfrei, vegetarisch

Nährwerte pro Portion:
374 kcal
KH 16 g, F 31 g, EW 6 g

Für 2 Personen

SUPPE
1 Schalotte
¼ Stange Lauch
1 TL Butter
1 EL Tandoori-Paste
100 g Sahne
50 g Crème fraîche
150 ml glutenfreie Gemüsebrühe
 (alternativ Instantbrühe)
2 EL süße Chilisauce
Salz
schwarzer Pfeffer aus der Mühle

CRUNCH
2 EL blanchierte Mandelkerne
1 EL Zucker

Zubereitungszeit: ca. 15 Minuten

Für die Suppe die **Schalotte** schälen und würfeln. **Lauch** waschen, putzen, in feine Ringe schneiden und mit Schalottenwürfeln in einem Topf in **Butter** anschwitzen. • **Tandoori-Paste** zugeben und kurz anrösten. Dann **Sahne, Crème fraîche** und **Brühe** dazugeben, **Chilisauce** einrühren und 10 Minuten köcheln lassen. • Währenddessen für den Crunch die **Mandeln** in einer beschichteten Pfanne ohne Fettzugabe bei mittlerer Hitze rösten, bis sie aromatisch duften. Dann **Zucker** darüberstreuen und unter gelegentlichem Rühren karamellisieren. Auf Backpapier geben und abkühlen lassen. • Die Suppe mit dem Stabmixer fein pürieren und mit **Salz** und **Pfeffer** abschmecken. • Die karamellisierten Mandeln leicht zerstoßen. Die Lauchsuppe in zwei tiefe Teller oder Schalen füllen, mit dem Mandelcrunch bestreuen und servieren.

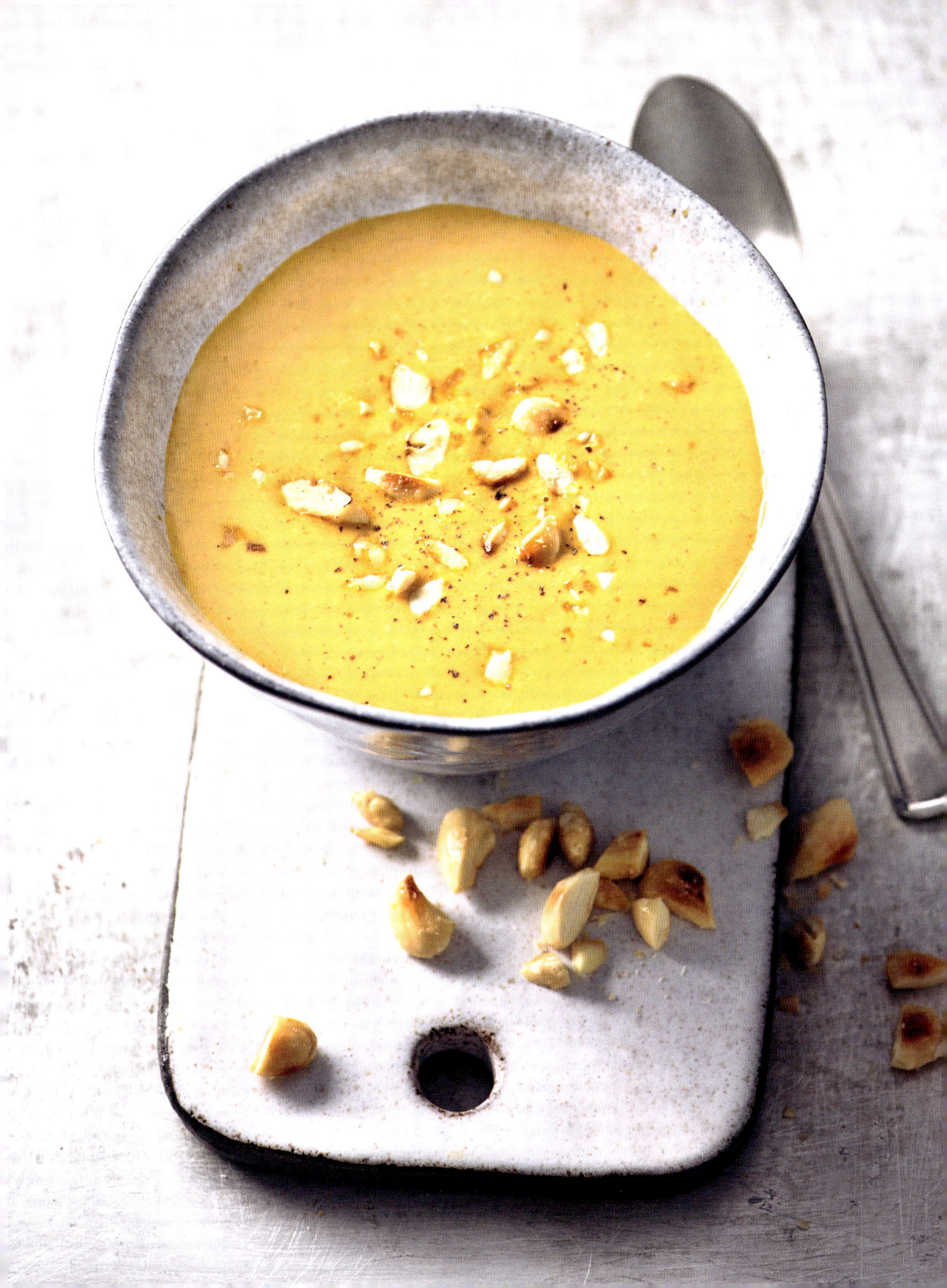

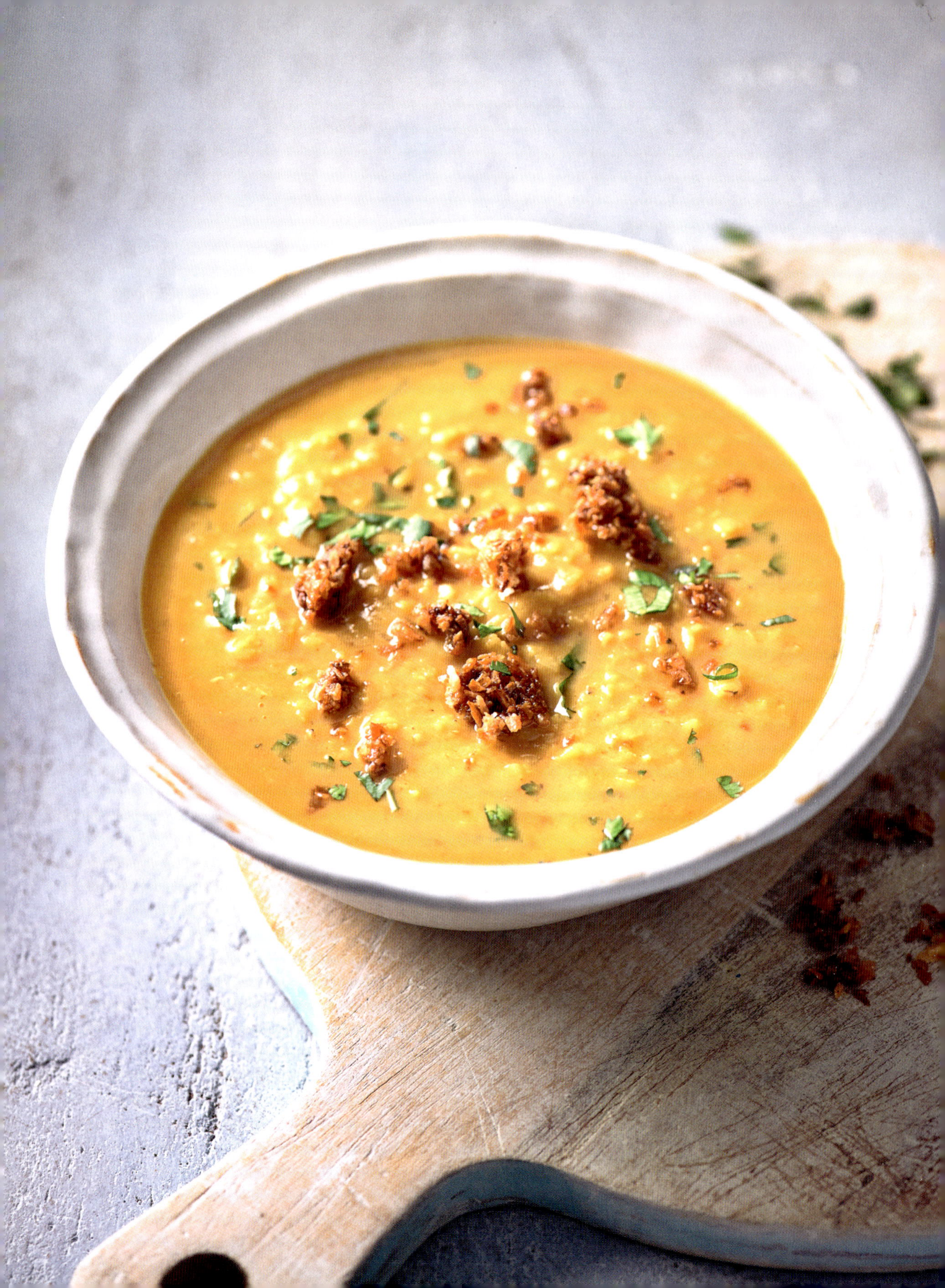

ROTE LINSENSUPPE MIT LIMETTENBLÄTTERN UND KOKOSCRUNCH

Vor dem Sport, glutenfrei, laktosefrei, vegetarisch

Nährwerte pro Portion:
539 kcal
KH 48 g, F 28 g, EW 18 g

Für 2 Personen

SUPPE
1 kleine Zwiebel
1 Knoblauchzehe
15 g Ghee (alternativ Butterschmalz)
1 TL frisch gehackter Ingwer
½ TL gemahlener Kreuzkümmel
1 TL gemahlener Koriander
½ TL gemahlene Kurkuma
½ TL gelbes indisches Currypulver
200–250 ml glutenfreie Gemüsebrühe
 (alternativ Instantbrühe)
1 kleine Dose Kokosmilch (200 ml)
125 g rote Linsen
1–2 Kaffir-Limettenblätter
15 g Tomatenmark
Salz
schwarzer Pfeffer aus der Mühle
1 TL Zitronensaft
1 EL frisch gehackter Koriander

CRUNCH
3 TL Kokosraspel
1 TL Zucker

Zubereitungszeit: 15 Minuten plus 40 Minuten Garzeit

Für die Suppe **Zwiebel** und **Knoblauchzehe** schälen und fein hacken. **Ghee** in einem Topf zerlassen und die Zwiebeln darin bei mittlerer Hitze glasig braten. Knoblauch und **Ingwer** dazugeben und 2–3 Minuten mitbraten. • **Kreuzkümmel, Koriander, Kurkuma** und **Currypulver** einrühren und 30 Sekunden mitbraten. Mit 200 ml **Gemüsebrühe** ablöschen, **Kokosmilch, Linsen** und **Kaffir-Limettenblätter** zugeben und abgedeckt etwa 40 Minuten bei niedriger Hitze köcheln lassen, bis die Linsen zerfallen sind. • Inzwischen für den Crunch **Kokosraspel** in einer kleinen beschichteten Pfanne ohne Fettzugabe rösten. Dann den **Zucker** darüberstreuen und bei mittlerer Hitze unter gelegentlichem Rühren karamellisieren. Auf Backpapier geben und abkühlen lassen. • **Tomatenmark** in die Linsensuppe einrühren und mit **Salz** und **Pfeffer** abschmecken. Falls die Suppe zu dickflüssig ist, restliche **Gemüsebrühe** oder etwas Wasser zugeben. Vom Herd nehmen und mit **Zitronensaft** verfeinern. Zum Schluss die Limettenblätter herausnehmen und den gehackten **Koriander** unterrühren. • Kokoscrunch leicht zerstoßen. Die Linsensuppe in zwei tiefe Teller oder Schalen füllen, mit Kokoscrunch bestreuen und heiß servieren.

SCHAUMIGE CHICORÉESUPPE MIT TALEGGIO

Nach dem Sport, vegetarisch

Nährwerte pro Portion:
463 kcal
KH 14 g, F 36 g, EW 8 g

Für 2 Personen

2 Chicorée
1 TL Butter
1 TL Zucker
1 TL Weizenmehl (Type 405)
100 ml trockener Wermut
 (z. B. Noilly Prat)
100 g Sahne
300 ml Gemüsebrühe
 (alternativ Instantbrühe)
100 g Crème fraîche
80 g Taleggio
Salz
schwarzer Pfeffer aus der Mühle
1 TL frisch gehackte Petersilie

Zubereitungszeit: 20 Minuten

Chicorée waschen, zwei Blätter abtrennen und beiseitelegen. Die Chicoréeköpfe längs halbieren und den bitteren Strunk keilförmig herausschneiden. In Streifen schneiden und in einem Topf in **Butter** farblos anschwitzen. • Mit **Zucker** bestreuen und bei mittlerer Hitze unter gelegentlichem Rühren karamellisieren. Mit **Mehl** bestäuben und gut verrühren. Mit **Wermut** ablöschen. **Sahne, Brühe** und **Crème fraîche** zugeben und aufkochen. • Den **Taleggio** in Würfel schneiden, hinzufügen und die Suppe 5 Minuten sanft köcheln lassen. Mit dem Stabmixer schaumig mixen und mit **Salz** und **Pfeffer** abschmecken. • Die beiseitegelegten Chicoréeblätter in kleine Stücke schneiden. Die Chicoréesuppe in zwei tiefe Teller oder Schalen verteilen und mit **Petersilie** und geschnittenen Chicoréeblättern bestreut servieren.

Glutenfreie Variante
Für eine glutenfreie Variante Kartoffelmehl statt Weizenmehl sowie glutenfreie Gemüsebrühe verwenden.

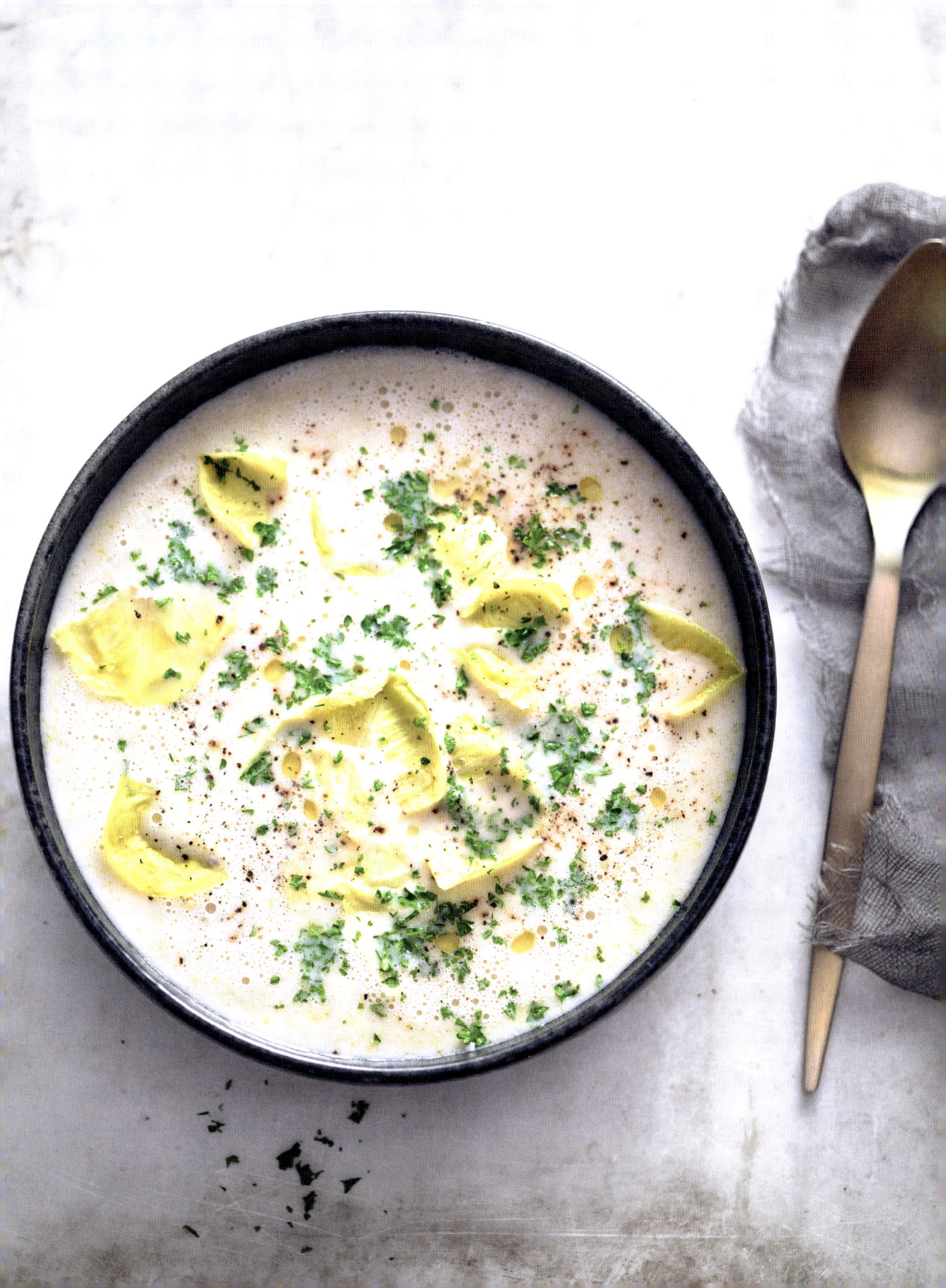

CHEAT DAY!

Tipp
Dazu passt geröstetes Knoblauchbrot. – Diese wirklich geniale Fischsuppe habe ich hier für vier Personen angegeben, damit man eine schöne Mischung verschiedener Fisch- und Meeresfrüchtesorten erhält. Genießt zu zweit direkt die Hälfte von Suppe und Rouille und die restliche Hälfte später; beides ist im Kühlschrank 2 Tage haltbar.

GENIALE FISCHSUPPE MIT SAUCE ROUILLE

Nach dem Sport, glutenfrei, laktosefrei, aufwendig

Nährwerte pro Portion:
668 kcal
KH 23 g, F 37 g, EW 34 g

Für 4 Personen

SUPPE
4 Schalotten
4 Knoblauchzehen
1 Fenchelknolle
6 EL Olivenöl
300 ml trockener Weißwein
300 ml Wermut (z. B. Noilly Prat)
400 ml passierte Tomaten (aus der Dose)
400 ml glutenfreie Gemüsebrühe (alternativ Instantbrühe)
4 Gewürznelken
4 Salbeiblätter
800 g küchenfertige, gemischte Fischfilets und Meeresfrüchte nach Geschmack (am besten vom Fischhändler zusammengestellt)
2 EL frisch gehackter Estragon
4 Msp. gemahlener Safran
4 EL Anisschnaps (z. B. Pernod)
Salz
schwarzer Pfeffer aus der Mühle

ROUILLE
100 g mehligkochende Kartoffel
Salz
1 zimmerwarmes Eigelb
½ TL scharfer Senf
1 Msp. gemahlener Safran
1 Msp. Cayennepfeffer
1 TL Zitronensaft
150 ml hochwertiges Olivenöl
1 Knoblauchzehe
schwarzer Pfeffer aus der Mühle
etwas warme glutenfreie Gemüsebrühe nach Bedarf

Zubereitungszeit: ca. 45 Minuten

Für die Suppe **Schalotten** und **Knoblauchzehen** schälen und fein würfeln. **Fenchel** putzen, waschen und ebenfalls klein würfeln. **Olivenöl** in einem Topf erhitzen, Schalotten, Knoblauch und Fenchel zugeben und bei mittlerer bis hoher Hitze scharf anbraten. Mit **Weißwein** und **Wermut** ablöschen. **Passierte Tomaten** und **Gemüsebrühe** angießen und aufkochen. **Gewürznelken** und **Salbeiblätter** zugeben und 20 Minuten köcheln lassen. • **Fisch** und **Meeresfrüchte** eventuell putzen, entgräten und in mundgerechte Stücke zerteilen. Dann in die Suppenbrühe geben, die Hitze reduzieren und 20 Minuten ziehen lassen. **Estragon, Safran** und **Anisschnaps** hinzufügen und mit **Salz** und reichlich **Pfeffer** abschmecken. • In der Zwischenzeit für die Rouille die **Kartoffel** waschen, ungeschält in **Salzwasser** gar kochen, abgießen und pellen. Die Kartoffel noch heiß durch die Kartoffelpresse in eine Schüssel drücken und beiseitestellen. • **Eigelb, Senf, Safran, Cayennepfeffer** und **Zitronensaft** in einer Schüssel mit einem Schneebesen gut verrühren. Dann das **Olivenöl** unter ständigem Rühren langsam in dünnem Strahl einlaufen lassen, bis eine cremige Mayonnaise entstanden ist. • **Knoblauchzehe** schälen, durch die Presse drücken und unterrühren. Die Knoblauchmayonnaise mit **Salz** und **Pfeffer** abschmecken. Zum Schluss das lauwarme Kartoffelpüree unterrühren und erneut abschmecken. Sollte die Sauce zu dick sein, etwas warme **Gemüsebrühe** unterrühren. In eine Sauciere füllen. • Die Fischsuppe auf vier tiefe Teller verteilen und mit der Sauce Rouille servieren.

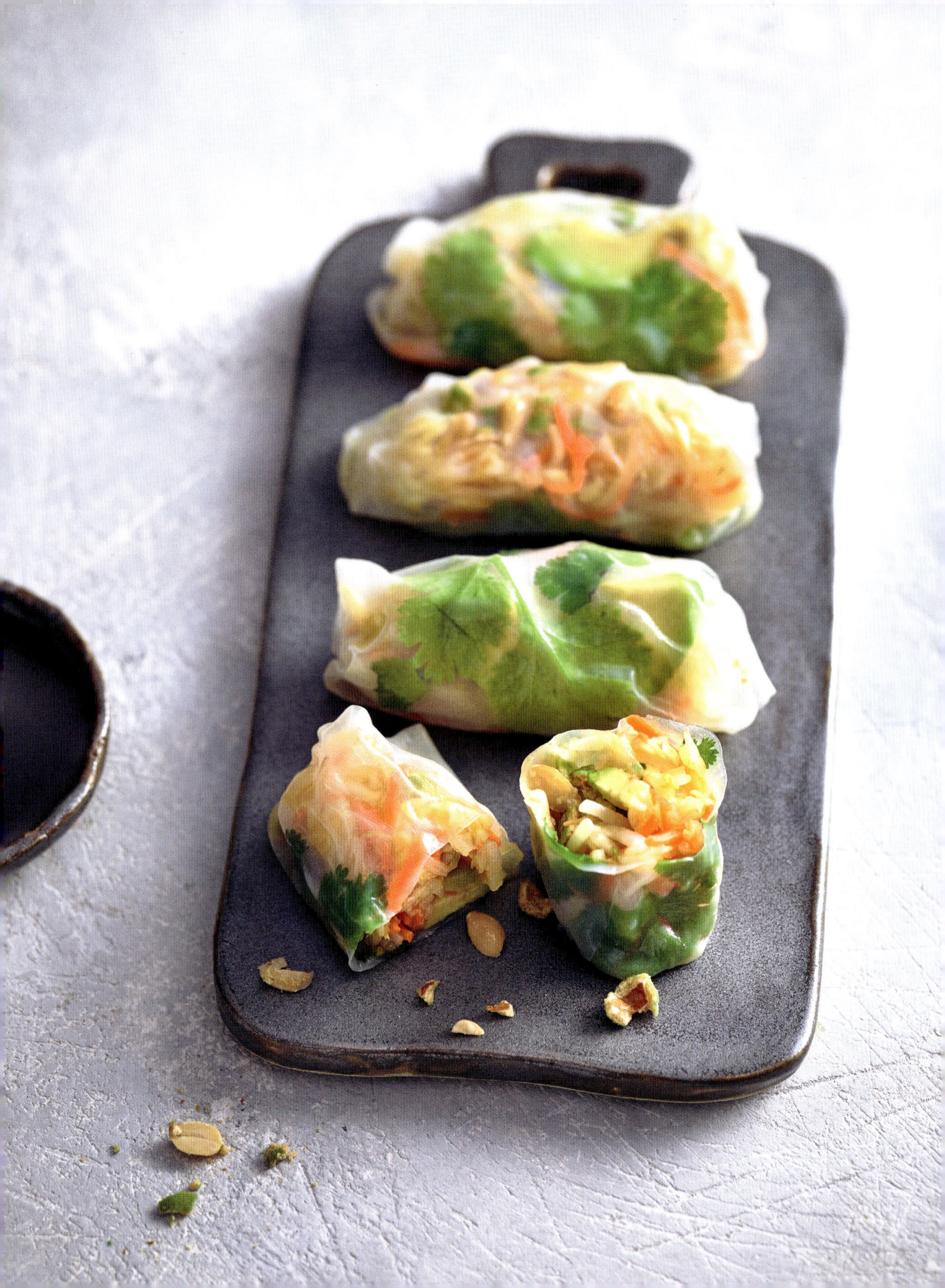

ASIATISCHE VITAMINROLLE MIT WASABINÜSSEN

Nach dem Sport, laktosefrei, vegan

**Nährwerte pro Portion:
279 kcal**
KH 25 g, F 18 g, EW 4 g

Für 2 Personen

Zubereitungszeit: 15 Minuten

50 g Weißkohl
50 g Karotte
50 g Mungbohnensprossen
Salz
½ reife Avocado
2 EL Wasabinüsse
4–6 frische Koriander- oder Petersilienblätter
Saft von ½ Limette
½ TL Mango-Chutney
3 TL geröstetes Sesamöl
4 runde Reispapierblätter
3–4 EL Hoisin-Sauce

Weißkohl waschen und in Streifen schneiden. **Karotte** schälen, ebenfalls in Streifen schneiden und mit dem Weißkohl in eine Schüssel geben. **Mungbohnensprossen** und eine Prise **Salz** hinzufügen und mit den Händen leicht kneten. • **Avocado** schälen, entkernen und längs in Spalten schneiden. **Wasabinüsse** grob hacken. **Korianderblätter** waschen und trocken tupfen. Avocado, Wasabinüsse und Koriander zum Gemüse geben. • **Limettensaft, Mango-Chutney** und **Sesamöl** verrühren, dann über das Gemüse träufeln und vorsichtig vermengen. • Je ein **Reisblatt** in reichlich kaltem Wasser einweichen. Wenn das Blatt weich wird, herausnehmen und auf ein sauberes Küchentuch legen. Ein Viertel der Gemüse-Avocado-Mischung in die Mitte des unteren Drittels geben. Die Seitenränder darüberklappen und das Reisblatt mit leichtem Druck aufrollen. Die gefüllte Rolle auf eine leicht befeuchtete Platte legen und mit einem feuchten Küchentuch abdecken. Auf die gleiche Weise drei weitere Rollen zubereiten und im Kühlschrank mindestens 15–20 Minuten kalt stellen. • Zum Servieren die Vitaminrollen halbieren und je vier Hälften auf zwei Teller setzen. Die **Hoisin-Sauce** in zwei Schälchen füllen und zum Dippen reichen.

Glutenfreie Variante

Für eine glutenfreie Variante darauf achten, dass die Wasabinüsse keine glutenhaltigen Bestandteile enthalten.

GEFÜLLTE ZUCCHINI MIT TALEGGIO UND KARTOFFEL

Vor dem Sport, glutenfrei

Nährwerte pro Portion:
307 kcal
KH 16 g, F 21 g, EW 13 g

Für 2 Personen

SUGO
1 kleine Schalotte
1 kleine Knoblauchzehe
3 TL Olivenöl
1 kleinere Dose geschälte italienische Eiertomaten (200 g)
Salz
1 Stängel Basilikum
1 Prise Zucker
schwarzer Pfeffer aus der Mühle

ZUCCHINI
75 g mehligkochende Kartoffel
Salz
1 kleine Schalotte
1 kleine Knoblauchzehe
1 TL Olivenöl
3 kleine Zweige Thymian
75 g Taleggio
schwarzer Pfeffer aus der Mühle
2 Zucchini
1 TL Pflanzenöl

Zubereitungszeit: 35 Minuten plus 30 Minuten Backzeit

Für den Sugo **Schalotte** und **Knoblauchzehe** schälen, fein würfeln und in einem Topf im **Olivenöl** einige Minuten farblos anschwitzen. **Eiertomaten** zugeben, leicht **salzen** und mindestens 30 Minuten köcheln lassen, bis die Sauce dickflüssig ist. • **Basilikum** waschen, Blätter abzupfen und fein schneiden. Dann mit dem **Zucker** unter den Sugo rühren und mit **Salz** und **Pfeffer** abschmecken. Vom Herd nehmen. • Parallel zur Sugo-Garzeit für die gefüllten Zucchini die **Kartoffel** schälen, in **Salzwasser** gar kochen, dann abgießen und kurz ausdampfen lassen. Durch eine Kartoffelpresse in eine Schüssel drücken. • Inzwischen den Backofen auf 180 °C Ober-/Unterhitze vorheizen. **Schalotte** und **Knoblauchzehe** schälen, fein würfeln und in einem Topf im **Olivenöl** 3–4 Minuten dünsten. Abkühlen lassen. • Schalotten-Knoblauch-Mischung zum Püree geben. **Thymian** waschen, von einem Zweig die Blättchen abzupfen und zugeben. **Taleggio** in kleine Würfel schneiden, hinzufügen, vermengen und die Füllung mit **Salz** und **Pfeffer** abschmecken. • **Zucchini** waschen, längs halbieren und leicht aushöhlen. Dann die Kartoffel-Taleggio-Füllung gleichmäßig darauf verteilen. Eine Auflaufform mit **Pflanzenöl** ausstreichen und den Tomatensugo einfüllen. Die gefüllten Zucchinihälften hineinsetzen und im vorgeheizten Ofen 30 Minuten gratinieren. • Von den restlichen beiden Thymianzweigen die Blättchen abzupfen. Die Auflaufform aus dem Ofen nehmen, das Gericht mit dem Thymian bestreuen und servieren.

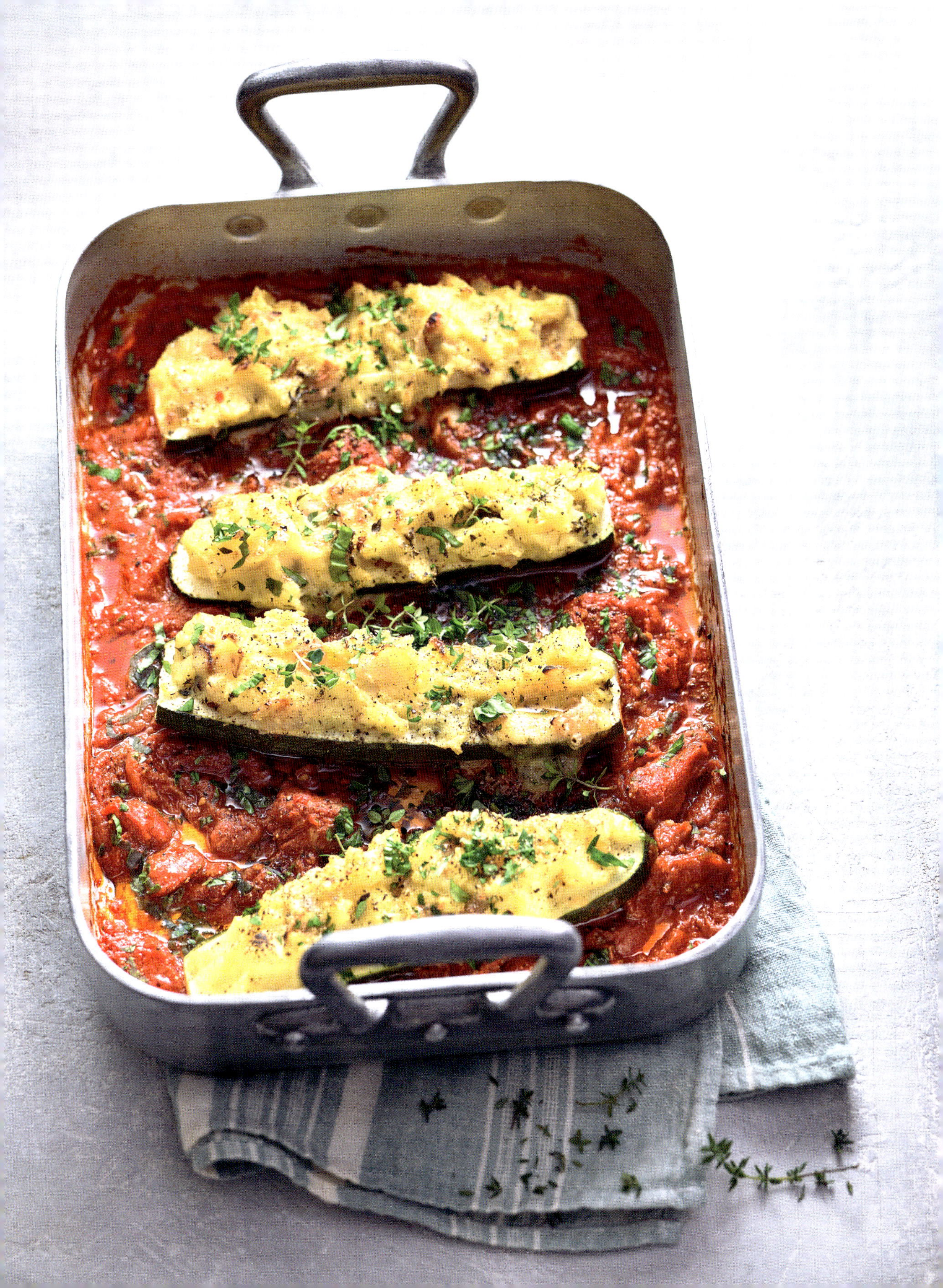

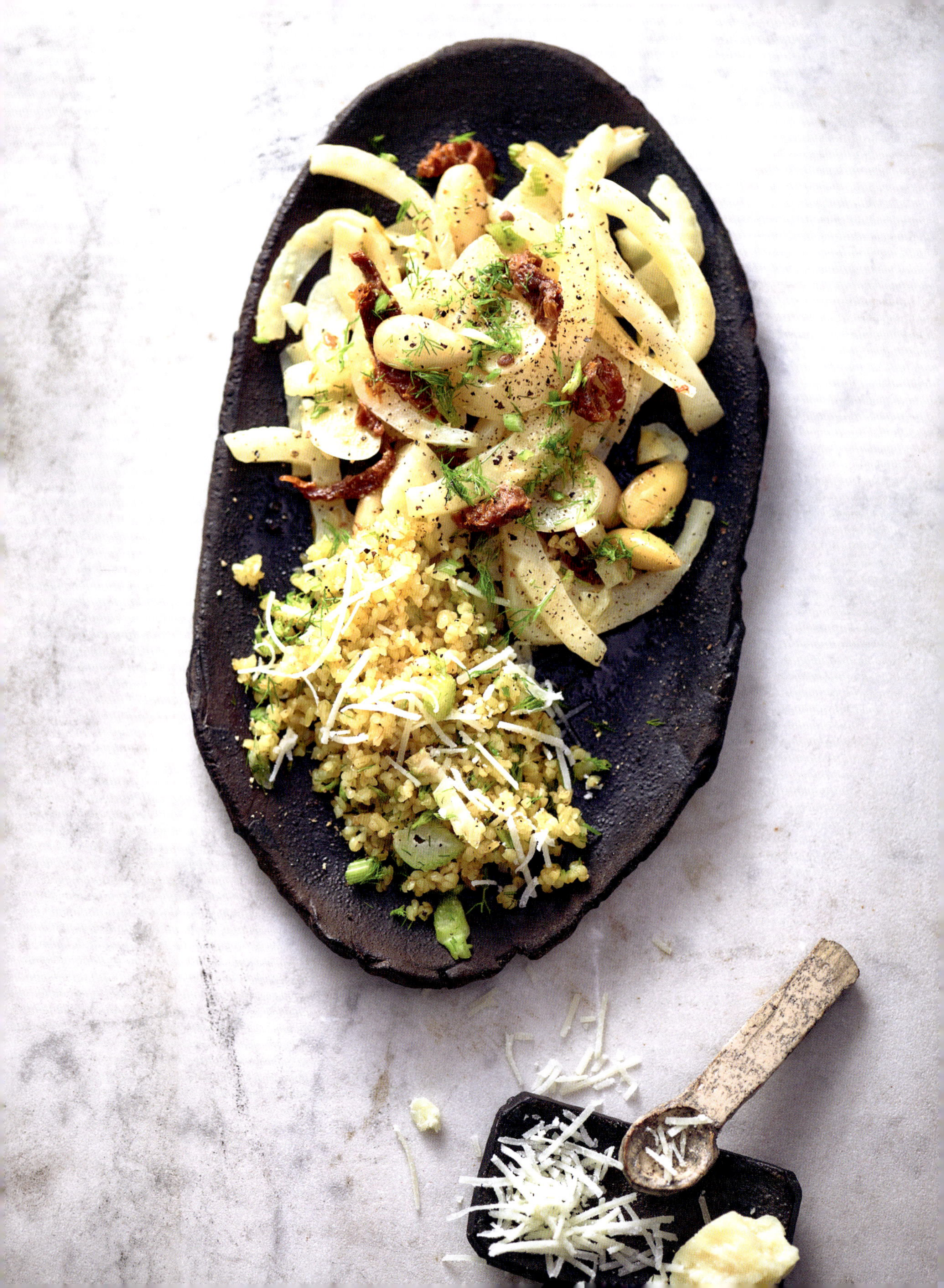

FENCHELSTREIFEN MIT MANDELN UND PECORINO-BULGUR

Vor dem Sport

**Nährwerte pro Portion:
302 kcal**
KH 25 g, F 16 g, EW 13 g

Für 2 Personen

1 Fenchelknolle
50 g Pecorino am Stück
100 ml Gemüsebrühe
(alternativ Instantbrühe)
50 g Bulgur
Salz
schwarzer Pfeffer aus der Mühle
1 Knoblauchzehe
1 EL Olivenöl
2 getrocknete Tomaten in Öl
1 EL blanchierte Mandelkerne
1 Msp. Zucker
1 EL weißer Balsamico-Essig

Zubereitungszeit: 25 Minuten

Fenchel waschen und putzen. Etwas Fenchelgrün waschen, trocken tupfen, hacken und 1 EL Fenchelgrün beiseitestellen. Die Fenchelknolle in dünne Streifen schneiden. Den **Pecorino** reiben. • **Brühe** in einem Topf aufkochen, **Bulgur** einrühren und vom Herd nehmen. Pecorino mit beiseitegestelltem Fenchelgrün unter den Bulgur rühren, mit **Salz** und **Pfeffer** abschmecken und abgedeckt 15 Minuten quellen lassen. • Währenddessen die Fenchelstreifen leicht mit **Salz** und **Pfeffer** würzen. **Knoblauchzehe** schälen und in dünne Scheiben schneiden. Fenchel und Knoblauch in einer Pfanne im **Olivenöl** bei niedriger bis mittlerer Hitze unter gelegentlichem Rühren 6–7 Minuten braten, bis der Fenchel weich ist, aber noch Biss hat. • Die **Tomaten** in dünne Streifen schneiden, mit den **Mandeln** zugeben und 1–2 Minuten gut durchschwenken. **Zucker** und **Balsamico-Essig** hinzufügen und mit **Salz** und **Pfeffer** würzen. • Den lauwarmen Bulgur auf zwei Teller verteilen, das Fenchelgericht darauf anrichten und servieren.

PAPPARDELLE MIT FEIGEN, GORGONZOLA UND RUCOLA

Vor dem Sport

Nährwerte pro Portion:
396 kcal
KH 52 g, F 13 g, EW 17 g

Für 2 Personen

125 g Pappardelle
Salz
1 TL Pinienkerne
1 Bund Rucola
1 frische Feige
1 TL Butter
1 EL Feigensenf
1 EL gehackte, in Öl eingelegte Tomaten
50 g Gorgonzola
schwarzer Pfeffer aus der Mühle

Zubereitungszeit: 25 Minuten

Die **Pappardelle** in reichlich **Salzwasser** al dente garen, abgießen und kurz abtropfen lassen. • Während die Pasta kocht, die **Pinienkerne** ohne Fettzugabe in einer kleinen Pfanne rösten und auf einem Teller abkühlen lassen. **Rucola** waschen, trocken schleudern und grob in Stücke schneiden. • Die **Feige** waschen, in Spalten schneiden und in einem Topf in **Butter** anschwitzen. **Feigensenf,** gehackte **Tomaten** und geröstete Pinienkerne einrühren. Dann die tropfnasse heiße Pasta zugeben. **Gorgonzola** in kleine Stücke schneiden und auf der Pasta verteilen. Rucola hinzufügen und alles locker vermengen. • Die Pappardelle auf zwei Teller verteilen und mit reichlich grob gemahlenem **Pfeffer** bestreuen.

Glutenfreie Variante

Für eine glutenfreie Variante glutenfreie Pappardelle, zum Beispiel aus Reis- und Maismehl, verwenden.

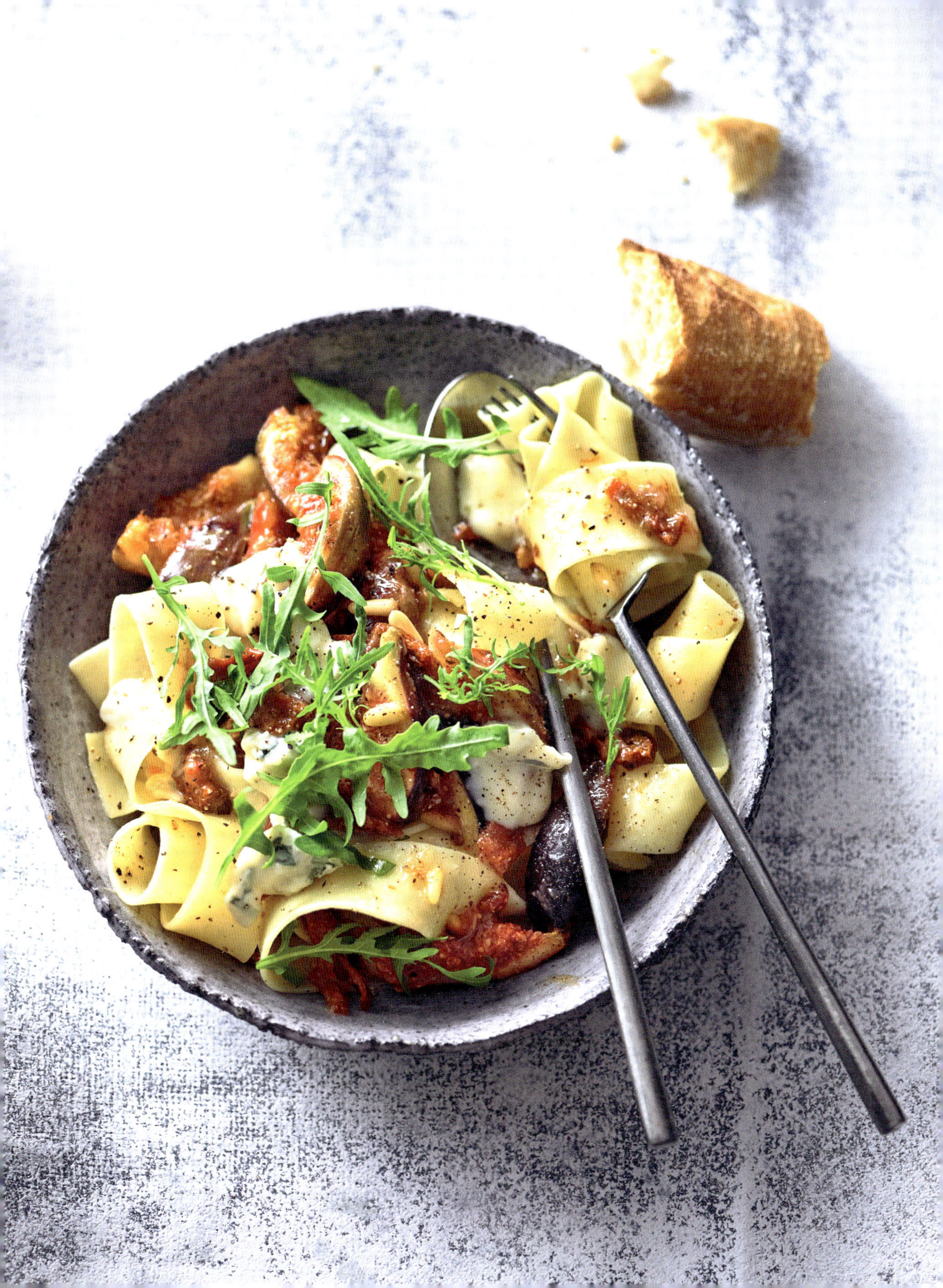

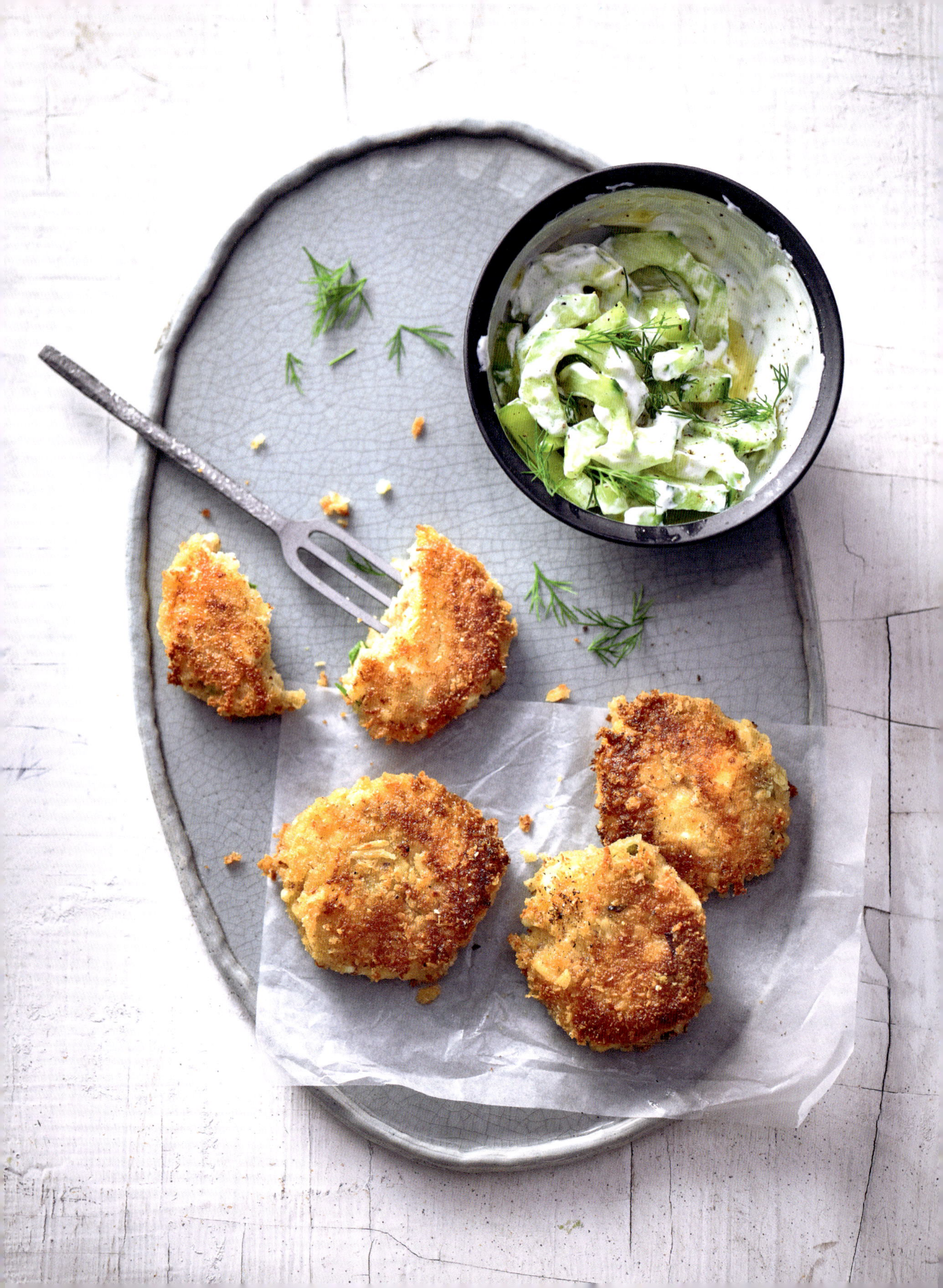

Vegetarische Hauptgerichte

KNUSPRIGE KÄSETALER MIT RAHMIGEM GURKEN-DILL-SALAT

Nach dem Sport

Nährwerte pro Portion:
460 kcal
KH 17 g, F 30 g, EW 28 g

Für 2 Personen

KÄSETALER
75 g Bergkäse
75 g Schafskäse (Feta)
75 g Hüttenkäse
1 Frühlingszwiebel
1 EL gemahlene Mandeln
1 TL Semmelbrösel
1 Ei, verquirlt
25 g Panko-Panierbrösel
1 EL Butter

SALAT
½ Salatgurke
Salz
3 TL saure Sahne oder Schmand
3 TL weißer Balsamico-Essig
½ TL Zucker
1 TL frisch gehackter Dill
schwarzer Pfeffer aus der Mühle

Zubereitungszeit: 25 Minuten plus 60 Minuten Kühlzeit

Für die Käsetaler den **Bergkäse** in eine Schüssel reiben. **Schafskäse** darüber zerkrümeln, **Hüttenkäse** zugeben und vermengen. **Frühlingszwiebel** putzen, waschen, in feine Ringe schneiden und zugeben. **Mandeln, Semmelbrösel** und **Ei** hinzufügen, alles zu einem Teig vermengen und 60 Minuten im Kühlschrank kalt stellen. • Inzwischen für den Salat die **Gurke** schälen, längs halbieren, entkernen und in 5 mm dicke Scheiben schneiden. In eine Schüssel geben, mit **Salz** bestreuen und dann 10 Minuten ziehen lassen. • Währenddessen **Panko-Brösel** mit den Händen fein zerreiben. Aus dem gekühlten Käseteig acht bis zehn kleine Taler formen, im Panko wenden und in einer Pfanne bei mittlerer Hitze von beiden Seiten 5–6 Minuten in **Butter** ausbacken. • Die Gurkenscheiben ausdrücken. **Saure Sahne, Balsamico-Essig, Zucker** und **Dill** untermengen und mit **Salz** und **Pfeffer** abschmecken. • Die knusprigen Käsetaler auf zwei Teller verteilen und mit dem rahmigen Gurken-Dill-Salat servieren.

POCHIERTES EI MIT KOHLRABI UND MEERRETTICH-SENF-SAUCE

Nach dem Sport, glutenfrei

**Nährwerte pro Portion:
273 kcal**
KH 12 g, F 19 g, EW 11 g

Für 2 Personen

SAUCE
1 kleine Schalotte
1 kleine Knoblauchzehe
1 TL Butter
1 EL süßer Senf
1 TL scharfer Senf
3 EL trockener Weißwein
50 g Sahne
1 EL Meerrettich (aus dem Glas)
Salz

KOHLRABI UND EIER
1 mittelgroßer Kohlrabi
Salz
1 TL Butter
3 EL weißer Balsamico-Essig
2 Eier, gut gekühlt
1 TL frisch gehackter Estragon

Zubereitungszeit: 25 Minuten

Für die Sauce **Schalotte** und **Knoblauchzehe** schälen, würfeln und in einem Topf in **Butter** 4–5 Minuten farblos anschwitzen. **Süßen** und **scharfen Senf** dazugeben und mit **Weißwein** ablöschen. **Sahne** und **Meerrettich** hinzufügen und aufkochen. Mit dem Stabmixer glatt mixen und die Sauce mit **Salz** abschmecken. Warm halten. • **Kohlrabi** schälen, würfeln und in **Salzwasser** bissfest blanchieren. Dann abgießen und in einer Pfanne in **Butter** 2–3 Minuten durchschwenken. Mit **Salz** abschmecken. • Parallel dazu 1,5–2 l Wasser mit **Balsamico-Essig** in einem Topf zum Sieden bringen. **Eier** einzeln in zwei Tassen aufschlagen, zügig ins Essigwasser gleiten lassen und 4 Minuten pochieren. Mit einem Schaumlöffel herausnehmen. • Den Kohlrabi auf zwei Teller verteilen, je ein pochiertes Ei daraufsetzen und mit **Estragon** und **Salz** bestreuen. Rundherum etwas Meerrettich-Senf-Sauce träufeln und servieren.

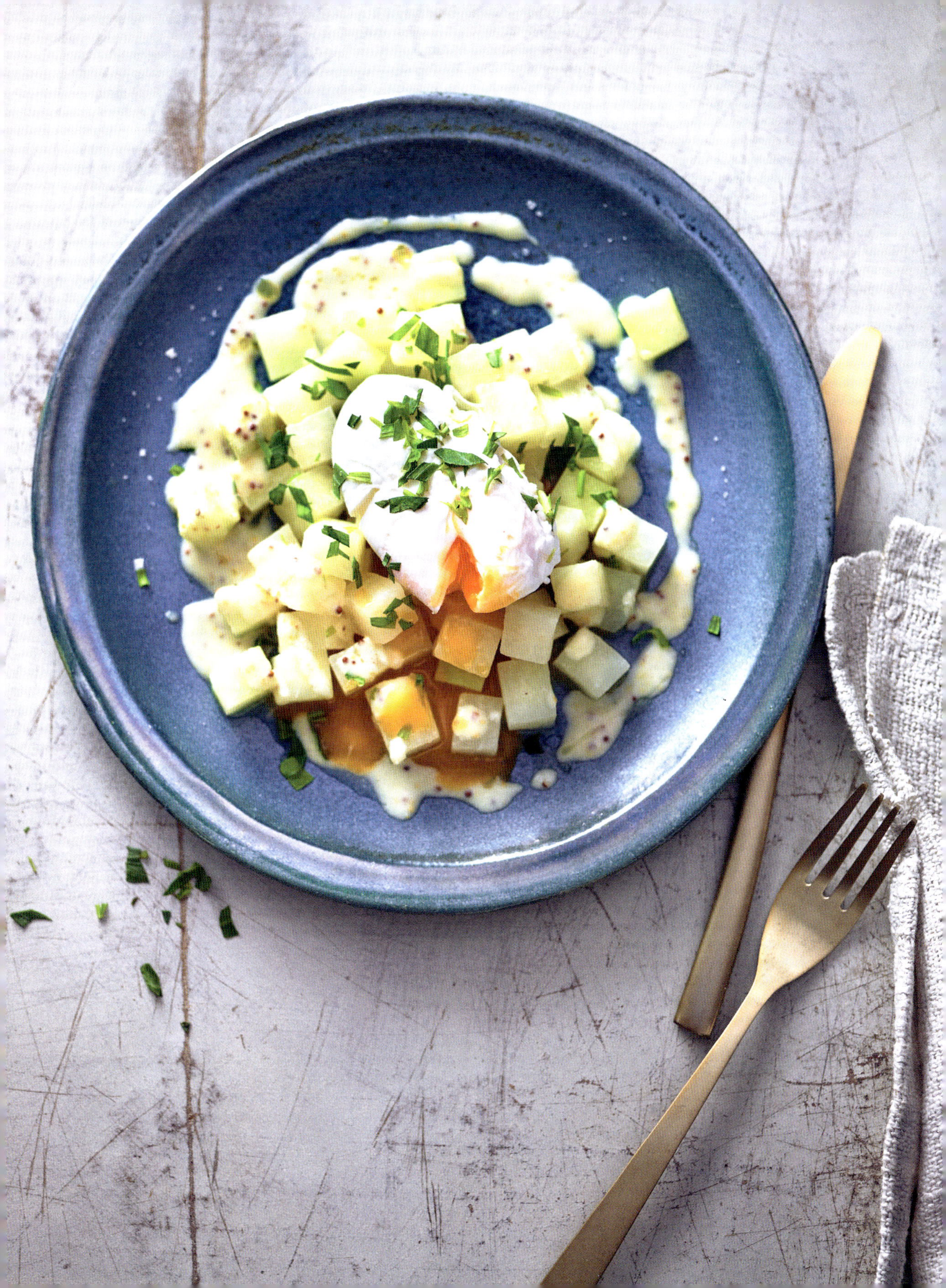

CHEAT DAY!

RUCOLA-RISOTTO MIT FRITTIERTEM EI UND ZITRONENÖL

Vor dem Sport, glutenfrei

**Nährwerte pro Portion:
697 kcal**
KH 45 g, F 39 g, EW 21 g

Für 2 Personen

Zubereitungszeit: 40 Minuten

RISOTTO
1 kleine Handvoll Rucola (ca. 10 g)
1 kleine Zwiebel
1 Knoblauchzehe
1 Stange Staudensellerie
1 EL Olivenöl
100 g Risottoreis
50 ml trockener Wermut
 (z. B. Noilly Prat)
50 ml trockener Weißwein
375–400 ml glutenfreie Gemüsebrühe
 (alternativ Instantbrühe)
1 TL kalte Butter
50 g Parmesan, frisch gerieben, plus
 2 EL frisch geriebener Parmesan
 zum Garnieren
3 TL Ricotta
Salz
schwarzer Pfeffer aus der Mühle
2 EL Zitronen-Olivenöl

EIER
300 ml Pflanzenöl
2 Eier
Salz
schwarzer Pfeffer aus der Mühle

Für den Risotto **Rucola** waschen, trocken schleudern, grob zerzupfen und beiseitestellen. • **Zwiebel** und **Knoblauchzehe** schälen und fein würfeln. **Staudensellerie** waschen, ebenfalls fein würfeln und mit Zwiebel und Knoblauch in einem Topf in heißem **Olivenöl** farblos andünsten. • Den **Reis** ungewaschen zugeben und anschwitzen. Mit **Wermut** und **Weißwein** ablöschen und einkochen. In der Zwischenzeit die **Brühe** in einem Topf zum Kochen bringen. Nach und nach kellenweise kochend heiße Brühe zur Reismischung gießen und unter Rühren einkochen lassen. Sobald der Reis gar ist, aber noch guten Biss hat, kalte **Butter** und **Parmesan** unterrühren und cremig binden. Zum Schluss **Ricotta** und Rucola untermengen und mit **Salz** und **Pfeffer** abschmecken. Den Risotto am Herdrand 1–2 Minuten ruhen lassen. • Für die Eier in einem Topf **Pflanzenöl** auf 180 °C erhitzen. Ein **Ei** in eine Kelle schlagen und vorsichtig in das heiße Öl gleiten lassen. 20 Sekunden frittieren, mit einem Schaumlöffel herausnehmen und kurz abtropfen lassen. Auf die gleiche Weise das zweite **Ei** zubereiten und beide leicht mit **Salz** und **Pfeffer** bestreuen. • Den Risotto auf zwei tiefe Teller verteilen. Mit frisch geriebenem **Parmesan** und grob gemahlenem **Pfeffer** bestreuen. Jeweils ein Ei mittig daraufsetzen, mit **Zitronen-Olivenöl** beträufeln und servieren.

FETA MIT COUSCOUS UND HARISSA-TOMATEN-MARMELADE

Vor dem Sport

Nährwerte pro Portion:
802 kcal
KH 43 g, F 53 g, EW 40 g

Für 4 Personen

COUSCOUS
100 ml Gemüsebrühe
　(alternativ Instantbrühe)
75 g Couscous
½ Bund Rucola
1 EL Olivenöl
Saft von ½ Zitrone
Salz
schwarzer Pfeffer
　aus der Mühle

MARMELADE
100 g reife Tomaten, gewürfelt
1 Schalotte, gewürfelt
1 Knoblauchzehe, gewürfelt
1 TL Olivenöl
1 TL Zucker
½ TL Harissa-Paste
3 TL süße Chilisauce
½ TL frisch geriebener Ingwer
3 TL weißer Balsamico-Essig
1–2 Msp. frisch gehackter Thymian
1 Prise gemahlener Safran

Salz
schwarzer Pfeffer aus der Mühle

FETA
2 Scheiben Schafskäse (Feta;
　à 150 g)
1 EL Weizenmehl (Type 405)
1 Ei, verquirlt
2 ½ EL weiße Sesamsaat
1 TL Schwarzkümmelsamen
1 TL Pflanzenöl
1 EL Olivenöl

Zubereitungszeit: ca. 45 Minuten

Für den Couscous die **Brühe** aufkochen. Den **Couscous** in eine Schüssel geben, die heiße Brühe darübergießen und 15 Minuten quellen lassen. Dann mit einer Gabel auflockern. • In der Zwischenzeit für die Marmelade **Tomaten, Schalotte** und **Knoblauch** in einer Pfanne in heißem **Olivenöl** anschwitzen. **Zucker** darüberstreuen und bei mittlerer Hitze unter gelegentlichem Rühren karamellisieren. **Harissa-Paste** unterrühren, **Chilisauce** und **Ingwer** zugeben und mit **Balsamico-Essig** ablöschen. **Thymian** und **Safran** zugeben und einköcheln lassen. Die Harissa-Tomaten-Marmelade mit **Salz** und **Pfeffer** abschmecken und beiseitestellen. • **Rucola** waschen, trocken schleudern, klein schneiden, in eine Schüssel geben und mit **Olivenöl** und **Zitronensaft** marinieren. Zum Couscous geben, vermengen und mit **Salz** und **Pfeffer** abschmecken. • Für den Feta den **Käse** zuerst im **Mehl** wenden, dann durch das verquirlte **Ei** ziehen und anschließend in **Sesam** und **Schwarzkümmelsamen** wenden. **Pflanzenöl** und **Olivenöl** in einer Pfanne erhitzen und die panierten Feta-Scheiben darin von beiden Seiten bei mittlerer Hitze insgesamt 5–6 Minuten ausbacken. • Couscous auf zwei Teller verteilen, darauf je eine ausgebackene Feta-Scheibe legen und mit Harissa-Tomaten-Marmelade servieren.

CHEAT DAY!

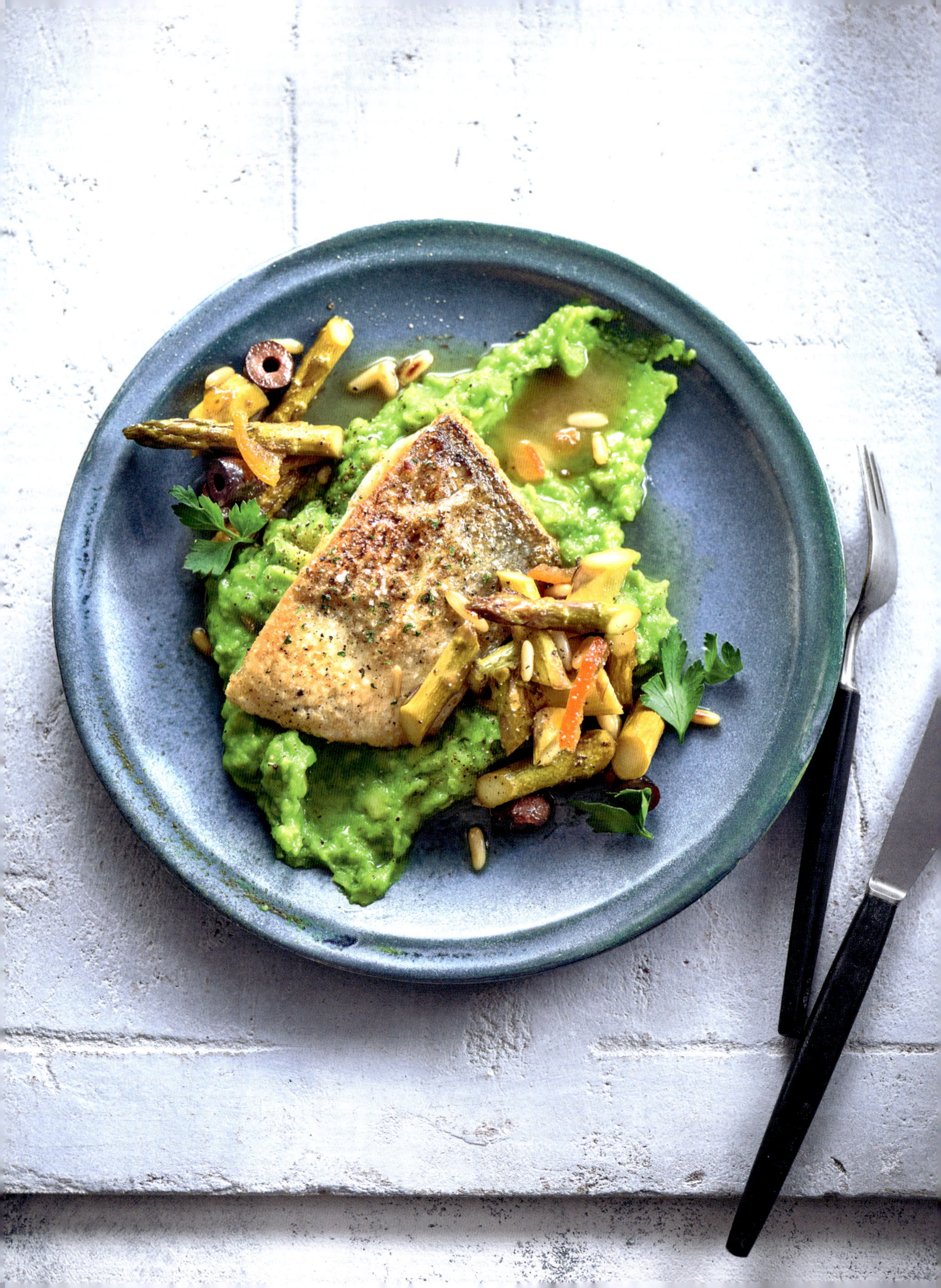

KNUSPRIGER WOLFSBARSCH MIT SÜSSSAUREM SPARGEL UND GRÜNEM PÜREE

Vor dem Sport

Nährwerte pro Portion:
557 kcal
KH 28 g, F 27 g, EW 50 g

Für 2 Personen

PÜREE

250 g mehligkochende Kartoffeln
Salz
1 kleine Handvoll Babyspinat (ca. 10 g)
150 ml Milch
1 TL Butter
50 g Parmesan, frisch gerieben
1 EL Olivenöl
Salz
schwarzer Pfeffer aus der Mühle

SPARGEL

250 g grüner Spargel
5 entsteinte schwarze Oliven
1 EL Olivenöl
1 EL Pinienkerne
3 TL weißer Balsamico-Essig
½ TL Orangenmarmelade
Salz
schwarzer Pfeffer aus der Mühle

FISCH

2 küchenfertige dicke Wolfsbarschfilets mit Haut (à 180 g)
Salz
1 EL Weizenmehl (Type 405)
1 EL Olivenöl

Zubereitungszeit: 30–35 Minuten

Für das Püree **Kartoffeln** schälen, grob würfeln und in **Salzwasser** gar kochen. Dann abgießen und zurück in den Topf geben. • Inzwischen **Spinat** waschen und abtropfen lassen. In einem weiteren Topf die **Milch** aufkochen. Dann **Butter** zugeben und schmelzen lassen, Spinatblätter hinzufügen und mit dem Stabmixer grob untermixen. • Die heißen Kartoffeln stampfen, die Milchmischung zugeben und mit einem Kunststoffschaber vermengen. Dann **Parmesan** und **Olivenöl** einarbeiten und das grüne Püree mit **Salz** und **Pfeffer** abschmecken. Warm halten. • **Spargel** im unteren Drittel schälen, die Enden abschneiden und quer in etwa 1 cm dicke Scheiben schneiden. **Oliven** halbieren. Die Spargelstücke in einer Pfanne im heißen **Olivenöl** unter gelegentlichem Rühren scharf und bissfest anbraten. Oliven und **Pinienkerne** dazugeben, kurz mitbraten und mit dem **Balsamico-Essig** ablöschen. Die Pfanne vom Herd nehmen, die **Orangenmarmelade** unterrühren und mit **Salz** und **Pfeffer** abschmecken. • Während der Spargelgarzeit die **Wolfsbarschfilets salzen** und mit der Hautseite ins **Mehl** drücken. Die Fischfilets mit der Hautseite nach unten in eine kalte Pfanne mit **Olivenöl** legen, erhitzen und bei mittlerer Hitze 4–5 Minuten knusprig braten. Wenden, die Pfanne vom Herd nehmen und den Fisch kurz ziehen lassen. • Den knusprigen Wolfsbarsch mit süßsaurem Spargel und grünem Püree auf zwei Tellern anrichten und servieren.

Glutenfreie Variante

Für eine glutenfreie Variante bei der Zubereitung des Fisches Kartoffel- oder Reismehl statt Weizenmehl verwenden.

CEVICHE VOM HEILBUTT MIT CHILI, AVOCADO UND KNUSPERBROT

Vor dem Sport

Nährwerte pro Portion:
434 kcal
KH 28 g, F 21 g, EW 27 g

Für 2 Personen

CEVICHE
250 g küchenfertiges Heilbuttfilet ohne Haut
Saft von 1 Limette
1 kleine rote Zwiebel
¼ rote Chilischote
2 EL qualitativ hochwertiges Olivenöl
½ TL frisch gehackter Koriander oder glatte Petersilie
½ reife Avocado
1 Minisalatgurke
Salz
schwarzer Pfeffer aus der Mühle

KNUSPERBROT
2 Scheiben Weißbrot (z. B. Ciabatta oder Baguette)
1 kleine Knoblauchzehe
1 TL Butter
Salz
schwarzer Pfeffer aus der Mühle

Zubereitungszeit: 20 Minuten

Für die Ceviche den **Heilbutt** in 1 cm große Würfel schneiden, in eine Schüssel geben, mit **Limettensaft** vermengen und 10 Minuten im Kühlschrank marinieren – durch die Säure denaturiert das Eiweiß ähnlich wie beim Garprozess. • Für das Knusperbrot das **Weißbrot** klein würfeln. Die **Knoblauchzehe** schälen und in Scheiben schneiden. **Butter** in einer kleinen Pfanne aufschäumen lassen. Brotwürfel mit dem Knoblauch dazugeben und unter Wenden knusprig braten. Mit **Salz** und **Pfeffer** würzen und kurz auf Küchenpapier abtropfen lassen. • **Zwiebel** schälen, längs halbieren und in dünne Spalten schneiden. Die **Chilischote** entkernen, waschen und in dünne Streifen schneiden. Zwiebel und Chili mit **Olivenöl** und **Koriander** zum Heilbutt geben und vermengen. • **Avocado** schälen, entkernen und in kleinere Würfel schneiden. Die **Gurke** schälen, ebenfalls klein würfeln, mit der Avocado zum Fisch geben, vorsichtig unterheben und mit **Salz** und **Pfeffer** abschmecken. • Ceviche auf zwei Teller verteilen, mit dem Knusperbrot bestreuen und servieren.

Laktosefreie Variante
Für eine laktosefreie Variante die Butter durch Butterschmalz ersetzen.

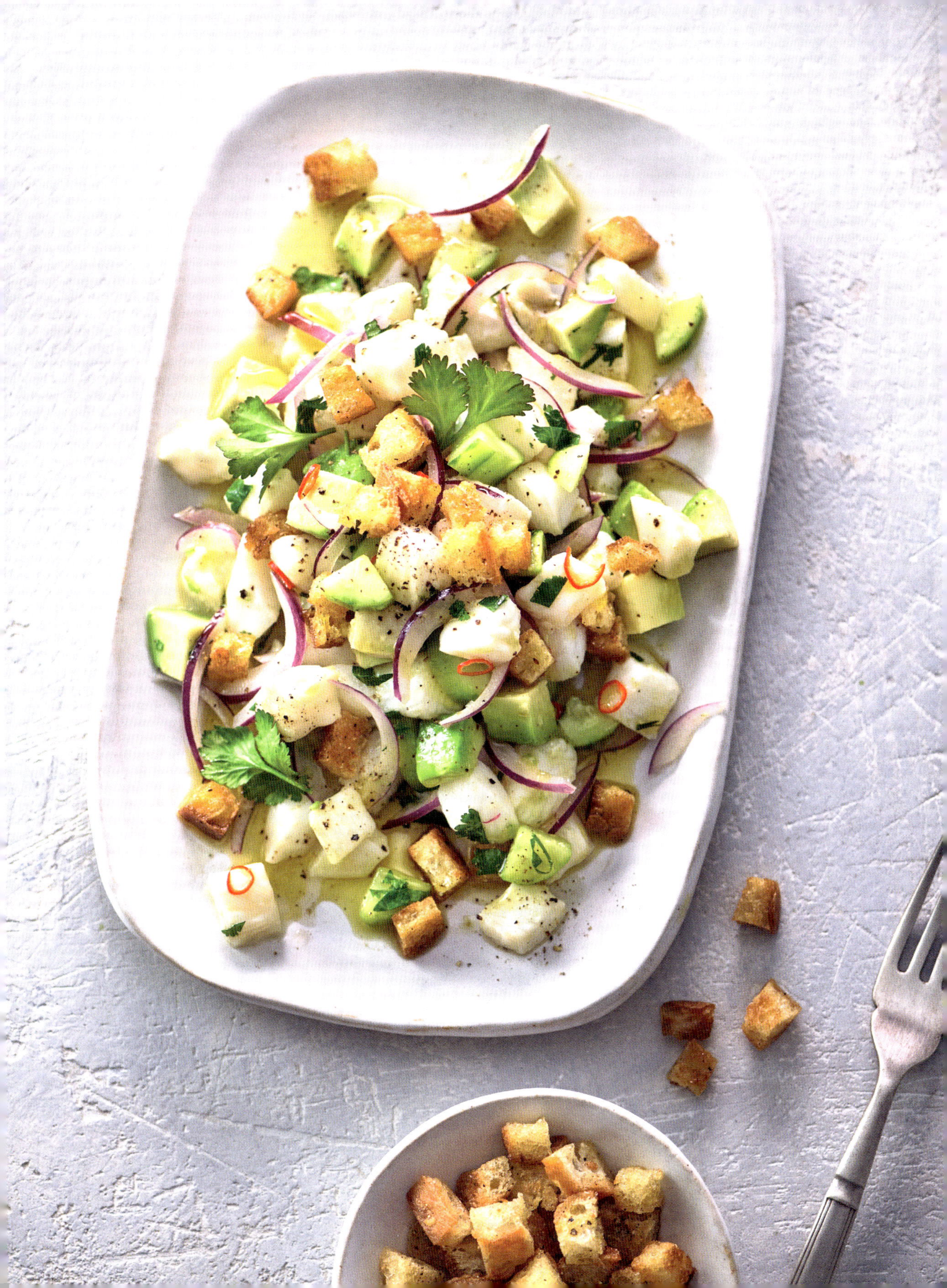

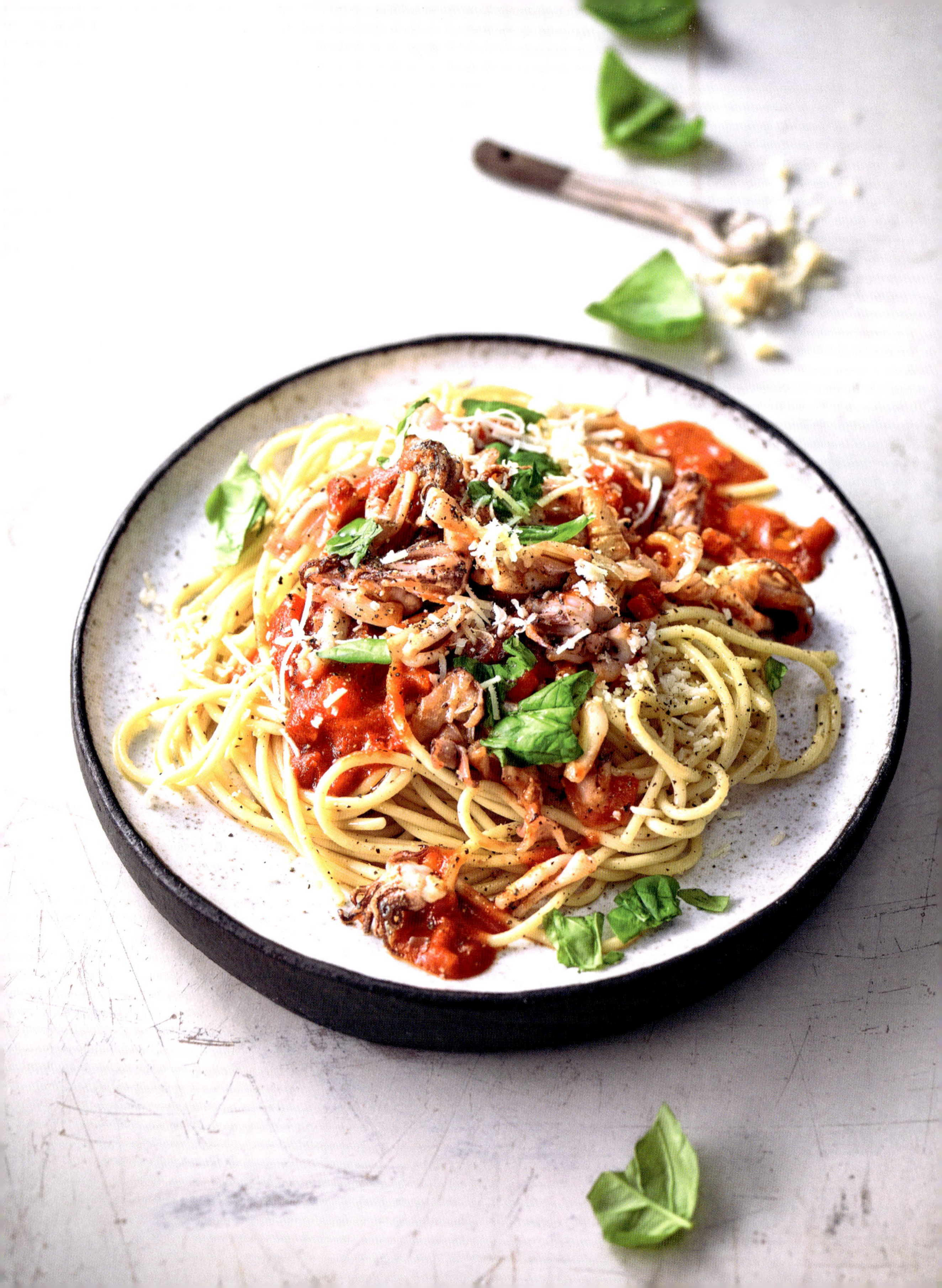

SPAGHETTI MIT TINTENFISCH-BOLOGNESE

Vor dem Sport, lange Garzeit

**Nährwerte pro Portion:
446 kcal**
KH 53 g, F 10 g, EW 27 g

Für 2 Personen

150 g küchenfertige rohe Tintenfischtuben
1 kleine Karotte
1 kleine weiße Zwiebel
1 Knoblauchzehe
1 EL Olivenöl
1 TL Tomatenmark
75 ml trockener Rotwein
150 g passierte Tomaten (aus der Dose)
½ kleine rote Chilischote
1 kleines Lorbeerblatt
3 schwarze Pfefferkörner
125 g Spaghetti
Salz
1 EL fein gehacktes Basilikum
etwas frisch geriebener Parmesan (nach Belieben)

Zubereitungszeit: 15 Minuten plus 60 Minuten Garzeit

Tintenfischtuben in Würfel schneiden. **Karotte, Zwiebel** und **Knoblauchzehe** schälen und fein würfeln. **Olivenöl** in einem Topf erhitzen. Zuerst die Gemüsewürfel darin bei mittlerer Hitze farblos anschwitzen, dann den Tintenfisch zugeben und 3–4 Minuten anbraten. **Tomatenmark** unterrühren und kurz anrösten. Mit dem **Rotwein** ablöschen und die **passierten Tomaten** zugießen. **Chilischote** längs halbieren, entkernen, waschen und mit **Lorbeerblatt** und **Pfefferkörnern** dazugeben. Abgedeckt 60 Minuten sanft köcheln lassen. • Etwa 10 Minuten vor Ende der Garzeit die **Spaghetti** in reichlich **Salzwasser** al dente kochen, abgießen und kurz abtropfen lassen. • Inzwischen die Gewürze aus der Bolognese entfernen, mit **Salz** abschmecken und das **Basilikum** unterrühren. • Die Spaghetti auf zwei tiefe Teller verteilen. Die Tintenfisch-Bolognese daraufgeben und mit **Parmesan** bestreut servieren.

Glutenfreie Variante
Für eine glutenfreie Variante statt normaler Pasta Vollkornreisspaghetti verwenden.

KRÄUTERFORELLE IM SALZTEIG MIT SALSA

Glutenfrei

Nährwerte pro Portion:
446 kcal
KH 6 g, F 26 g, EW 45 g

Für 2 Personen

FISCH

1 küchenfertige ganze Forelle oder Lachsforelle (ca. 750 g)
1 kleiner Stängel Estragon
1 kleiner Stängel Basilikum
1 kleiner Stängel Salbei
1 TL weiche Butter
2 Eiweiß
1,5 kg grobes Meersalz oder Tafelsalz

SALSA

1 Ei, hart gekocht
1 Sardellenfilet (aus dem Glas)
1 EL gehackte, getrocknete Tomaten
2 EL frisch gehackte Kräuter (z. B. Estragon, Basilikum, Kerbel, glatte Petersilie)
1 TL gehackte Mandelkerne
1 TL gewürfelte Essiggurke
2–3 Msp. fein gehackte rote Chilischote
2 EL Obstessig
3 EL qualitativ hochwertiges Olivenöl
abgeriebene Schale und Saft von ½ Biozitrone
1 kleine Prise Zucker
Salz
schwarzer Pfeffer aus der Mühle

Zubereitungszeit: 20 Minuten plus ca. 40 Minuten Backzeit

Den Backofen auf 180 °C Ober-/Unterhitze vorheizen. Ein Backblech mit Backpapier auslegen. • Für den Fisch die **Forelle** waschen, Kopf und Schwanzflosse belassen und rundum sowie die Bauchhöhle mit Küchenpapier trocken tupfen. • **Kräuterblätter** abzupfen, abbrausen, trocken tupfen, hacken und mit der **Butter** vermengen. Den Fisch innen und außen mit der Kräuterpaste einreiben und in der Bauchhöhle gut einmassieren. Den Fisch nicht salzen und beiseitestellen. • **Eiweiß** in einer Schüssel einige Minuten verrühren, bis es ganz leicht schaumig ist. Dann mit dem **Meersalz** vermengen. Den Salzteig in der Größe des Fisches etwa 1 cm hoch auf das vorbereitete Backblech geben. Die Forelle darauflegen und mit dem restlichen Salzteig umhüllen. Gut mit den Händen festdrücken und darauf achten, dass der Fisch vollständig umhüllt ist. Im vorgeheizten Backofen etwa 40 Minuten backen, bis der Salzteig an den Rändern leicht braun wird. • Inzwischen für die Salsa das **Ei** pellen und klein hacken. Das **Sardellenfilet** ebenfalls klein hacken und mit dem Ei in eine Schüssel geben. **Tomaten, Kräuter, Mandeln, Gurke** und **Chili** dazugeben und vermengen. Dann **Obstessig, Olivenöl, Zitronenabrieb, Zitronensaft** und **Zucker** unterheben und mit **Salz** und **Pfeffer** abschmecken. • Die fertige Kräuterforelle mithilfe des Backpapiers vom heißen Blech ziehen und auf eine Servierplatte oder ein Küchenbrett legen. Bei Tisch die Salzkruste mit einem Sägemesser vorsichtig an der Seite aufschneiden und abheben. Dann mit zwei Löffeln das saftige Fischfilet entnehmen, auf zwei Teller setzen und mit der Salsa genießen.

Laktosefreie Variante

Für eine laktosefreie Variante beim Fisch Butterschmalz oder Kokosöl statt Butter verwenden.

Tipp
Serviert Ciabatta, geröstetes Weißbrot oder glutenfreies Brot dazu.

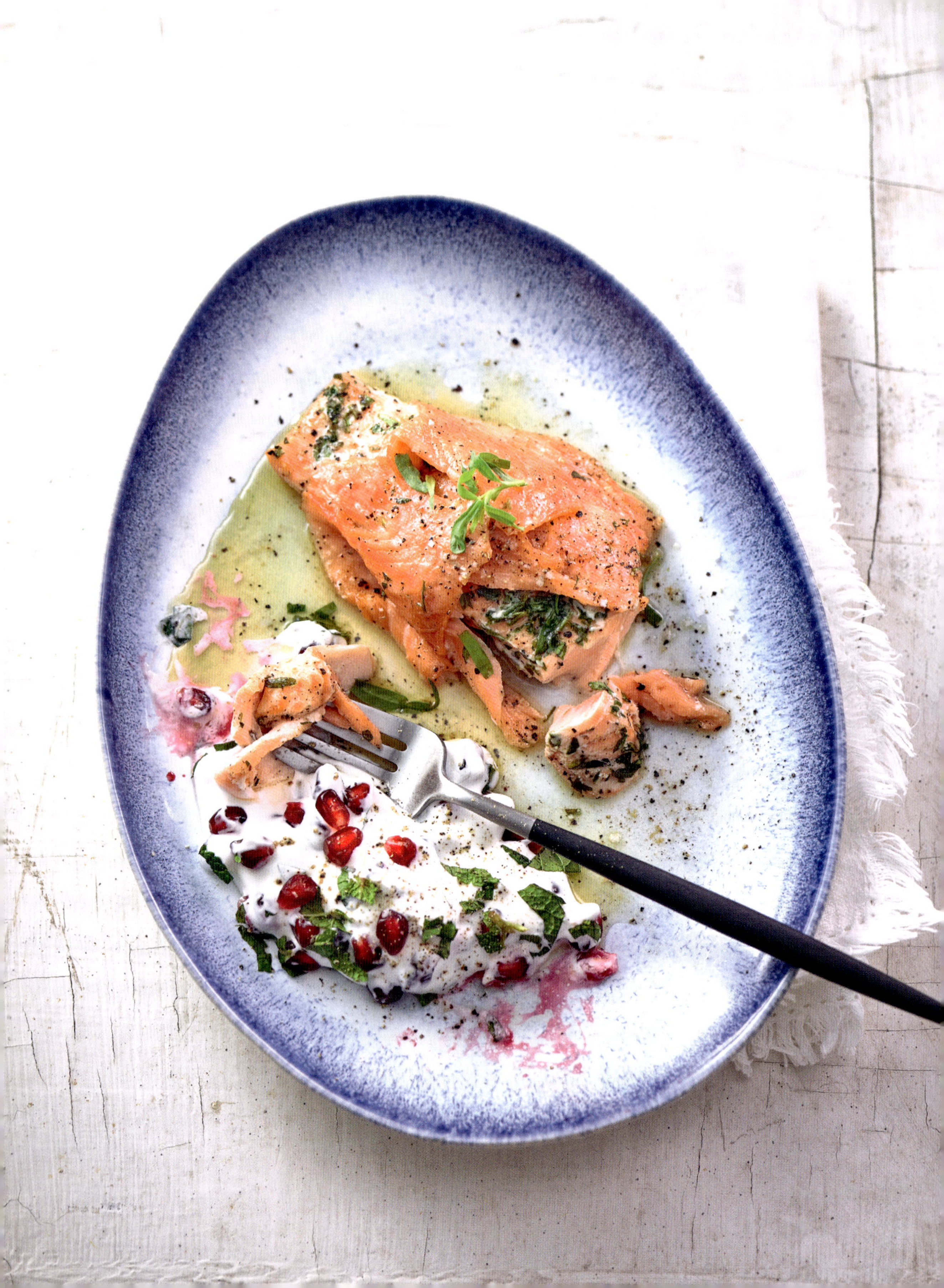

LACHSPLÄTZCHEN MIT GRANATAPFEL-MINZE-JOGHURT

Nach dem Sport, glutenfrei

Nährwerte pro Portion:
500 kcal
KH 8 g, F 34 g, EW 41 g

Für 2 Personen

LACHSPLÄTZCHEN
2 küchenfertige frische Lachsfilets ohne Haut (à 130 g)
1 TL frisch gehackter Estragon
4 Scheiben Räucherlachs
1 EL Butter

JOGHURT
150 g griechischer Naturjoghurt (10 % Fett)
Saft von ½ Zitrone
2 EL Granatapfelkerne
5 Minzblätter
1 kleine Prise Zucker
Salz
schwarzer Pfeffer aus der Mühle

Zubereitungszeit: 15 Minuten plus 10 Minuten Backzeit

Den Backofen auf 160 °C Ober-/Unterhitze vorheizen. • **Lachsfilets** mit gehacktem **Estragon** bestreuen, mit je zwei **Räucherlachsscheiben** umwickeln und in eine kleinere Auflaufform setzen. • **Butter** in einem kleinen Topf aufschäumen und bei mittlerer Temperatur so lange erhitzen, bis sie goldbraun ist und nussig duftet (Vorsicht, sie kann schnell verbrennen!). Die goldbraune Nussbutter über die Lachsplätzchen träufeln und im vorgeheizten Ofen 10 Minuten garen. • Inzwischen **Joghurt** und **Zitronensaft** glatt rühren, **Granatapfelkerne** unterrühren. **Minze** waschen, trocken tupfen, hacken und mit dem **Zucker** untermischen. Mit **Salz** und **Pfeffer** abschmecken. • Lachsplätzchen aus dem Ofen nehmen, je eine Portion auf zwei Teller setzen und mit dem Joghurt servieren.

Tipp
Dazu passt am besten frisches Baguette beziehungsweise glutenfreies Brot.

Hauptgerichte mit Fisch

MIESMUSCHELN MIT ZITRONENGRAS UND LIMETTE

Nach dem Sport, glutenfrei, laktosefrei

Nährwerte pro Portion:
175 kcal
KH 5 g, F 12 g, EW 10 g

Für 2 Personen

1 kg frische Miesmuscheln
¼ rote Thai-Chilischote
1 kleiner Stängel Zitronengras
1 EL geröstetes Sesamöl
1 TL fein gewürfelter frischer Ingwer
1 TL gewürfelter Knoblauch
1 Kaffir-Limettenblatt
50 ml trockener Weißwein
50 ml Kokosmilch
1–2 Msp. mildes Currypulver
1 TL grob gehackter frischer Koriander
Salz
1 Limette

Zubereitungszeit: 35 Minuten

Die **Miesmuscheln** gründlich waschen und sorgfältig verlesen, dabei geöffnete und beschädigte Exemplare entsorgen. • **Chilischote** waschen, entkernen und in Ringe schneiden. **Zitronengras** putzen, waschen und ebenfalls in Ringe schneiden. • Einen großen Topf stark erhitzen. **Sesamöl** mit Chili, Zitronengras, **Ingwer, Knoblauch** und **Kaffir-Limettenblatt** zugeben und kurz anrösten. Die Miesmuscheln in den Topf geben und mit dem **Weißwein** ablöschen. Sofort einen Deckel aufsetzen und bei hoher Hitze 3–4 Minuten garen, bis sich die Muscheln geöffnet haben, dabei den Topf zwei- bis dreimal gut durchschütteln, sodass auch die oben liegenden Muscheln in den heißen Sud kommen und sich durch den Dampf öffnen. • Muscheln aus dem Topf nehmen und beiseitestellen. **Kokosmilch** und **Currypulver** in den Sud geben und etwas einköcheln lassen. Dann den **Koriander** unterrühren, die Muscheln zurück in den Topf geben, alles gut vermengen, kurz köcheln lassen und mit **Salz** abschmecken. • Miesmuscheln auf zwei tiefe Teller oder Schalen verteilen. **Limette** halbieren und die Muscheln mit je einer Limettenhälfte zum Beträufeln servieren.

Tipp
Dazu passt am besten frisches Baguette beziehungsweise glutenfreies Brot.

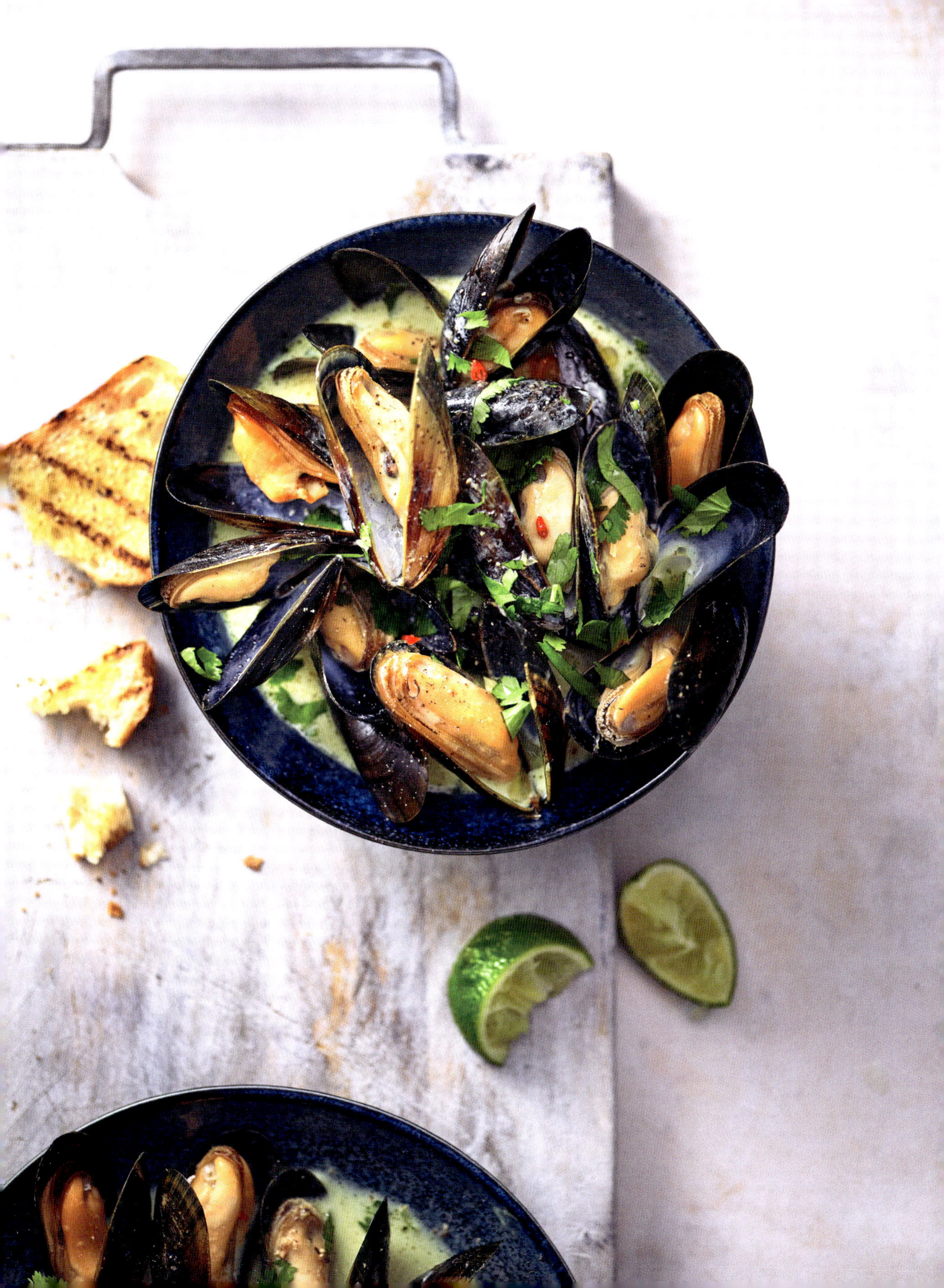

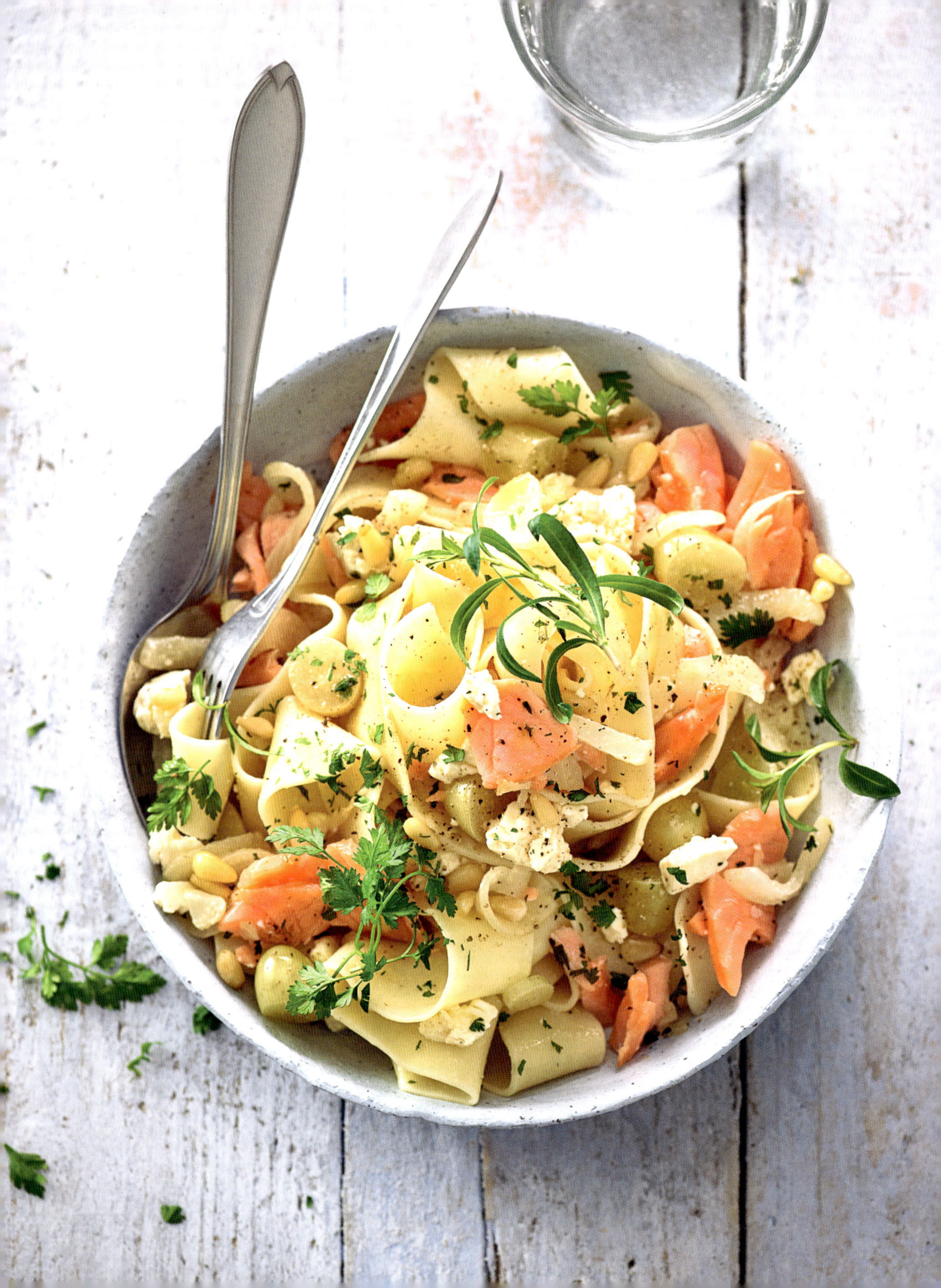

PAPPARDELLE MIT RÄUCHERLACHS, TRAUBEN UND FENCHEL

Vor dem Sport

Nährwerte pro Portion:
471 kcal
KH 58 g, F 15 g, EW 24 g

Für 2 Personen

150 g Pappardelle
Salz
¼ Fenchelknolle
75 g Räucherlachs am Stück
1 kleine Handvoll weiße, kernlose Trauben (ca. 40 g)
1 EL Olivenöl
1 TL Butter
1 EL Pinienkerne
40 g Schafskäse (Feta)
1 TL frisch gehackter Kerbel oder Estragon plus einige Kräuterblätter zum Garnieren
schwarzer Pfeffer aus der Mühle

Zubereitungszeit: 15–18 Minuten

Pappardelle in reichlich **Salzwasser** al dente garen, dann abgießen und dabei etwas Kochwasser auffangen. • Während der Nudelgarzeit die **Fenchelknolle** waschen, putzen und in sehr dünne Scheiben hobeln. Den **Räucherlachs** in 5 mm dünne Scheiben schneiden. **Trauben** waschen und halbieren. • **Olivenöl** und **Butter** in einer Pfanne erhitzen und die **Pinienkerne** darin bei mittlerer Hitze kurz schwenken. Die Fenchelscheiben hinzufügen und kurz anbraten. Räucherlachs und Trauben zugeben und gut durchschwenken. • Die tropfnassen Pappardelle mit etwa 50 ml (etwa eine kleine Kelle) heißem Nudelkochwasser in die Pfanne geben und vermischen. Den **Schafskäse** zerbröseln und mit den **Kräutern** über die Nudeln streuen. Alles nochmals gut durchschwenken und mit **Salz** und **Pfeffer** abschmecken. • Das Nudelgericht auf zwei tiefe Teller verteilen und mit **Kräuterblättern** garniert servieren.

Glutenfreie Variante

Für eine glutenfreie Variante glutenfreie Pappardelle – zum Beispiel aus Reis- oder Maismehl – verwenden.

THUNFISCHSTEAK MIT KAISERSCHOTEN IN KOKOS-CURRY-SAUCE

Nach dem Sport, glutenfrei, laktosefrei

Nährwerte pro Portion:
427 kcal
KH 8 g, F 25 g, EW 38 g

Für 2 Personen

Zubereitungszeit: 15–20 Minuten

KAISERSCHOTEN

1 Knoblauchzehe

175 g Kaiserschoten

1 EL Kokosraspel

½ TL frisch geriebener Ingwer

1–2 Msp. mildes Currypulver

100 ml Kokosmilch

Salz

schwarzer Pfeffer aus der Mühle

FISCH

2 küchenfertige frische Thunfischsteaks (à 150 g)

Salz

1 EL geröstetes Sesamöl

Den Backofen auf 90 °C Ober-/Unterhitze vorheizen. • Für die Kaiserschoten die **Knoblauchzehe** schälen. **Kaiserschoten** waschen, putzen und schräg halbieren. • Für den Fisch die **Thunfischsteaks** rundum **salzen** und in einer Pfanne in heißem **Sesamöl** von beiden Seiten je 30 Sekunden kurz und scharf anbraten. Auf ein kleines Backblech legen und im vorgeheizten Ofen warm halten. • **Kokosraspel** in derselben Pfanne unter Rühren anbraten. Knoblauch hineinpressen, **Ingwer** dazugeben, **Currypulver** darüberstäuben und alles kurz anbraten. Die **Kokosmilch** zugießen und einköcheln lassen. Zum Schluss mit **Salz** und **Pfeffer** abschmecken. • Währenddessen die Kaiserschoten in reichlich **Salzwasser** 1 Minute blanchieren. Dann abgießen und unter die Kokos-Curry-Sauce mischen. • Die Kaiserschoten auf zwei Teller verteilen, je ein Thunfischsteak daraufsetzen und genießen.

Tipp
Serviert dazu gegarten Basmatireis.

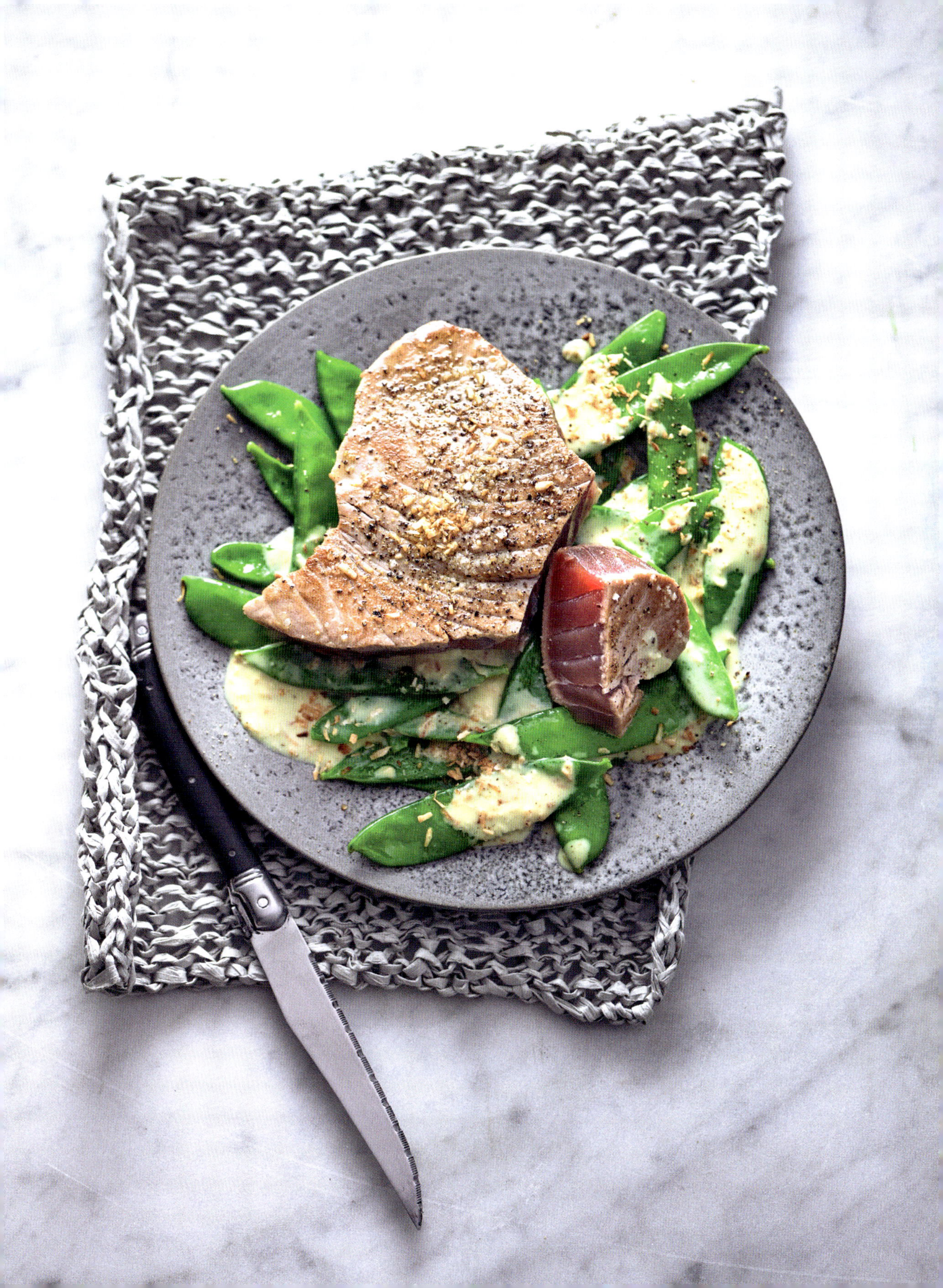

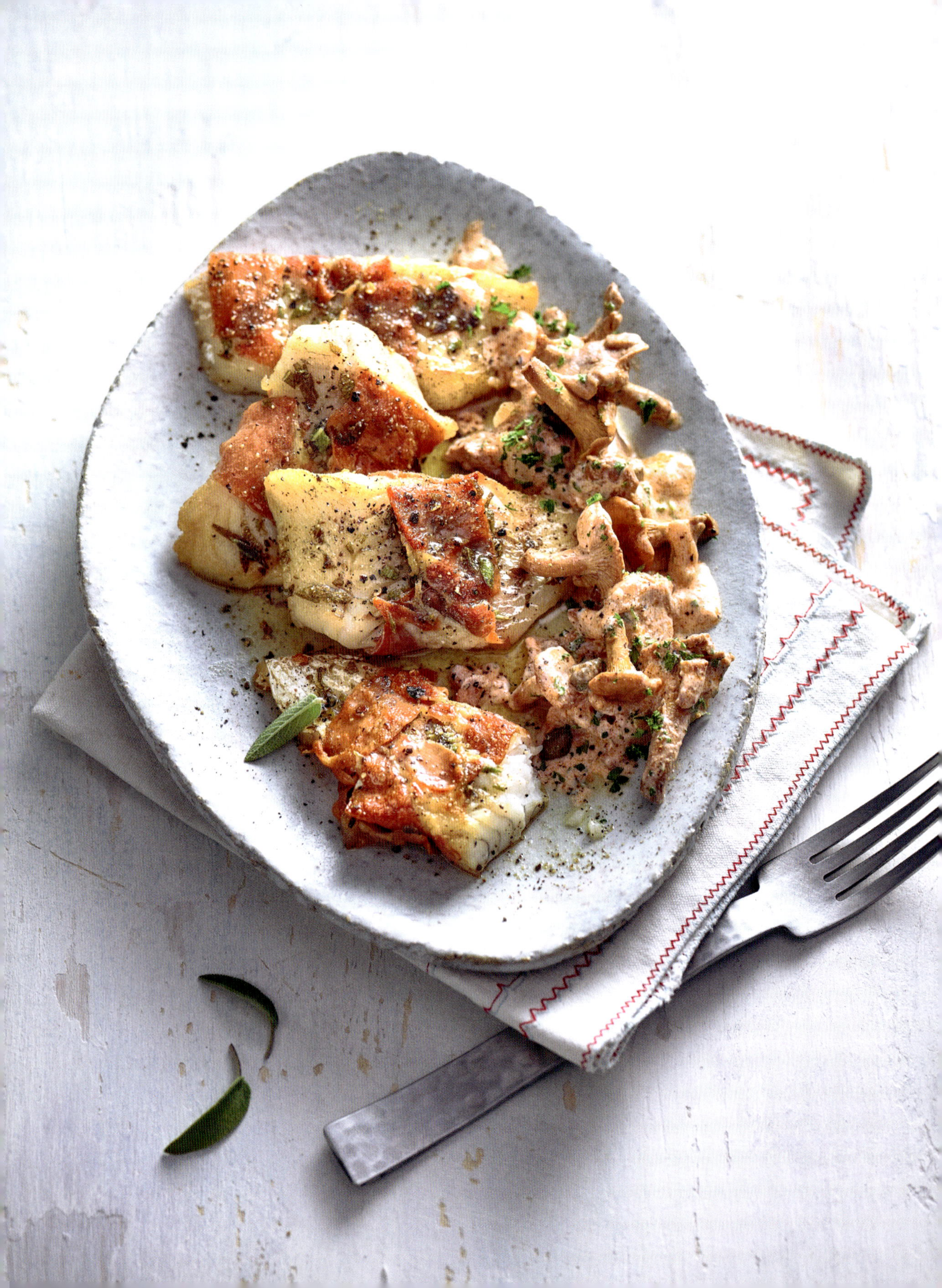

ZANDER MIT PARMASCHINKEN UND PILZRAGOUT

Nach dem Sport, glutenfrei

Nährwerte pro Portion:
485 kcal
KH 5 g, F 25 g, EW 58 g

Für 2 Personen

FISCH
400 g küchenfertiges Zanderfilet ohne Haut
8 Salbeiblätter
8 dünne Scheiben Parmaschinken
1 EL Butter
½ Vanilleschote

PILZRAGOUT
200 g Pfifferlinge
1 Schalotte
1 Knoblauchzehe
1 EL Olivenöl
75 ml trockener Weißwein
75 ml Tomatensaft
2 EL Mascarpone
1 TL Kapern (aus dem Glas)
1 kleiner Spritzer Zitronensaft
Salz
schwarzer Pfeffer aus der Mühle
1 EL frisch gehackte Kräuter (z. B. glatte Petersilie)

Zubereitungszeit: 30 Minuten

Den Backofen auf 80 °C Ober-/Unterhitze vorheizen. • Den **Zander** in acht Stücke zerteilen. **Salbeiblätter** waschen, trocken tupfen, hacken, die Fischstücke damit rundum bestreuen und festdrücken. Dann jedes Fischstück fest in eine Scheibe **Parmaschinken** wickeln. • **Butter** in einer beschichteten Pfanne zerlassen. Die halbe **Vanilleschote** zugeben und bei mittlerer Hitze kurz braten. Umwickelte Fischstücke in der Vanillebutter 5–6 Minuten von beiden Seiten anbraten, dann auf ein kleines Backblech geben und im vorgeheizten Ofen warm halten. • Währenddessen für das Pilzragout die **Pfifferlinge** mit einem Küchentuch oder einem Pinsel säubern. **Schalotte** und **Knoblauchzehe** schälen, fein hacken und mit den Pilzen in einer Pfanne in heißem **Olivenöl** anbraten. • Mit **Weißwein** ablöschen, dann **Tomatensaft** und **Mascarpone** einrühren. Aufkochen, die Hitze reduzieren, **Kapern** und **Zitronensaft** dazugeben und mit **Salz** und **Pfeffer** abschmecken. Zum Schluss die **Kräuter** unterrühren. • Den Zander mit dem Pilzragout auf zwei Tellern anrichten und servieren.

Tipp
Dazu passt knuspriges Baguette oder Ciabatta beziehungsweise glutenfreies Brot.

GEGRILLTE PILZE MIT LIMONENMARINADE UND MOZZARELLA

Nach dem Sport, glutenfrei

Nährwerte pro Portion:
226 kcal
KH 2 g, F 20 g, EW 9 g

Für 2 Personen

2 kleine Zweige Thymian
150 g Pilze (z. B. Champignons, Austernpilze, Kräuterseitlinge)
1 EL Olivenöl
Salz
schwarzer Pfeffer aus der Mühle
1–2 TL weißer Balsamico-Essig
2 Sardellenfilets (aus dem Glas)
25 g entsteinte grüne Oliven
3 TL Doppelrahmfrischkäse
1 EL Zitronensaft
schwarzer Pfeffer aus der Mühle
½ Kugel Mozzarella (ca. 60 g)
3 TL Limonen-Olivenöl

Zubereitungszeit: 20 Minuten plus 5–8 Minuten Grillzeit

Den Backofen bei Grillfunktion auf höchster Stufe vorheizen. • Den **Thymian** waschen und Blättchen abzupfen. **Pilze** putzen, in 5 mm dicke Scheiben schneiden und in einer Pfanne im heißen **Olivenöl** scharf anbraten. Mit **Salz** und **Pfeffer** würzen und zwei Drittel der Thymianblättchen dazugeben. Die Pilzmischung in eine kleinere Auflaufform füllen, dann den **Balsamico-Essig** darüberträufeln und vermischen. • **Sardellenfilets** und **Oliven** hacken, in eine Schale geben und mit dem **Frischkäse** vermengen. Den **Zitronensaft** einrühren, mit **Salz** und **Pfeffer** würzen und die Creme in kleinen Klecksen auf den Pilzen verteilen. • **Mozzarella** in dünne Scheiben schneiden und auf die Pilze legen. Mit **Limonen-Olivenöl** beträufeln und im vorgeheizten Backofen 5–8 Minuten grillen. • Aus dem Ofen nehmen, mit den restlichen Thymianblättchen garnieren und in der Form servieren.

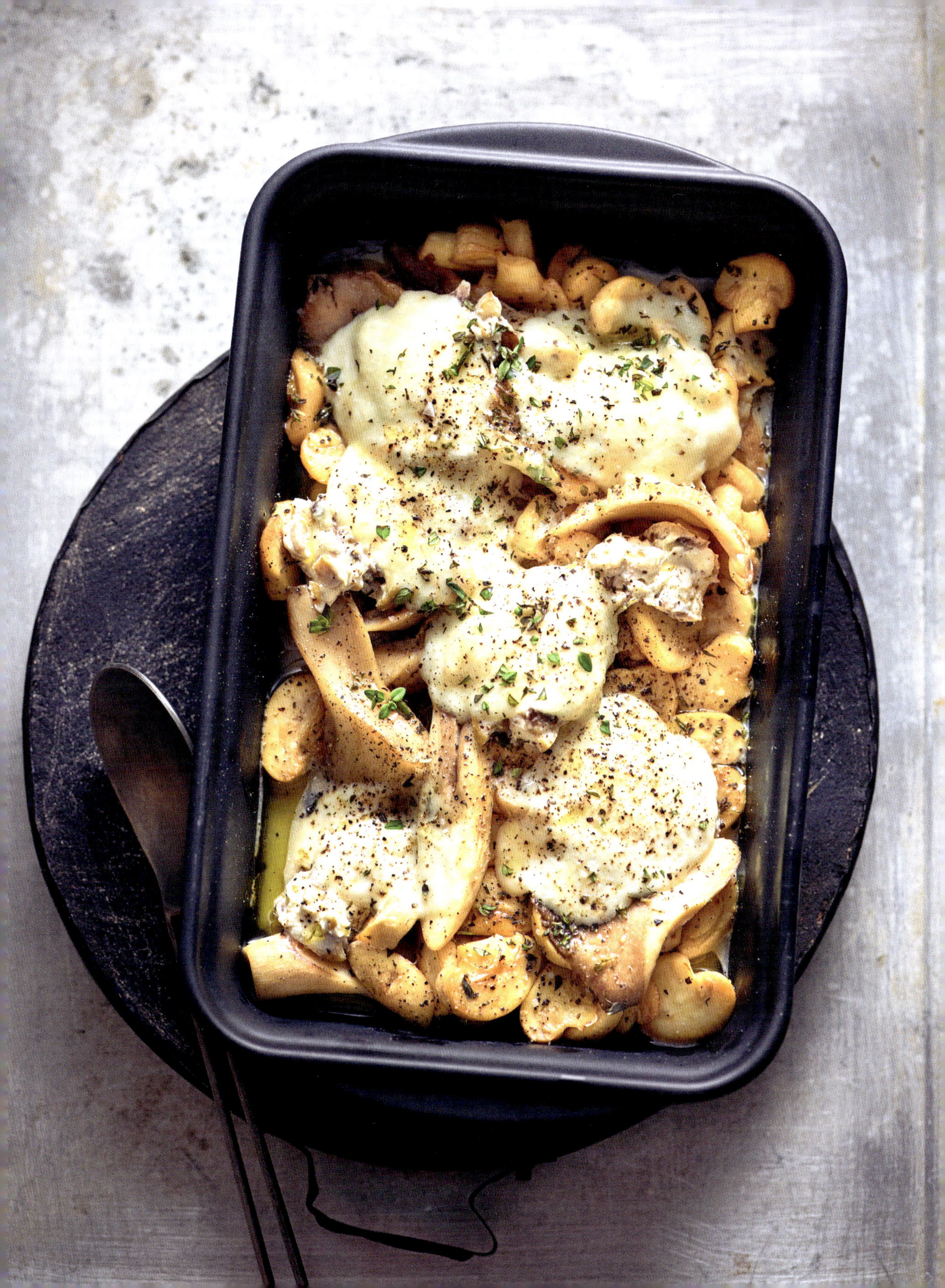

CHEAT DAY!

ASIA-LACHS MIT THAI-NUDELN UND LIMETTE

Vor dem Sport, laktosefrei, glutenfrei

Nährwerte pro Portion:
695 kcal
KH 53 g, F 37 g, EW 34 g

Für 2 Personen

LACHS
2 küchenfertige frische
    Lachsfilets mit Haut (à 150 g)
Salz
2 EL Teriyaki-Sauce
1 TL Ingwerpulver
1 TL Kartoffelstärke
2 EL weiße Sesamsaat
1 ½ EL geröstetes Sesamöl

NUDELN
Salz
125 g Vollkornreisnudeln
1 TL gehackte rote Chilischote
1 TL frisch gehackter Koriander
Saft von 1 Limette
2 EL geröstetes Sesamöl

Zubereitungszeit: 15 Minuten plus 20 Minuten Marinierzeit

Für den Lachs die **Fischfilets** von beiden Seiten mit **Salz** würzen. **Teriyaki-Sauce, Ingwerpulver** und **Kartoffelstärke** in einer Schüssel gut verrühren. Den Lachs zugeben, gut darin wenden und 20 Minuten marinieren. • **Sesam** auf einen Teller streuen. Den Fisch mit der Hautseite leicht in die Sesamkörner drücken. **Sesamöl** in einer Pfanne erhitzen, den Lachs mit der Hautseite nach unten in die Pfanne legen und bei mittlerer Hitze 4–5 Minuten knusprig braten. Den Fisch wenden und auf der Fleischseite nur noch kurz anbraten. • Parallel für die Nudeln **Salzwasser** in einem Topf zum Kochen bringen und die **Vollkornreisnudeln** darin nach Packungsangaben garen. Inzwischen **Chili, Koriander, Limettensaft** und **Sesamöl** in einer Schüssel verrühren. Fertig gegarte Nudeln in ein Sieb abgießen, kurz abtropfen lassen, heiß in die Schüssel zur Chilimischung geben und vermengen. • Die Thai-Nudeln auf zwei Teller verteilen, den Asia-Lachs daneben anrichten und servieren.

TAGLIATA AUF SÜSSEM CHILITOMATEN-RUCOLA-SALAT

Nach dem Sport, glutenfrei

Nährwerte pro Portion:
443 kcal
KH 8 g, F 24 g, EW 52 g

Für 2 Personen

SALAT
2 EL Pinienkerne
1 Bund Rucola
200 g Kirschtomaten
1 EL weißer Balsamico-Essig
1 EL süße Chilisauce
1 Prise gemahlener Zimt
1 Prise gemahlener Safran
Salz
schwarzer Pfeffer aus der Mühle
40 g Parmesan am Stück

TAGLIATA
2 Rinderlendensteaks (à 180 g)
Salz
schwarzer Pfeffer aus der Mühle
1 TL Pflanzenöl
1 kleiner Zweig Rosmarin

Zubereitungszeit: 20 Minuten

Den Backofen auf 90 °C Ober-/Unterhitze vorheizen. • Für den Salat die **Pinienkerne** in einer kleinen Pfanne goldgelb rösten und abkühlen lassen. • Für die Tagliata die **Rinderlendensteaks** mit **Salz** und **Pfeffer** würzen und in einer ofenfesten Pfanne im heißen **Pflanzenöl** von beiden Seiten scharf anbraten. Den **Rosmarinzweig** dazugeben, die Pfanne in den vorgeheizten Backofen setzen und das Fleisch 10 Minuten medium garen. • Währenddessen den **Rucola** waschen, trocken schleudern und grob zerkleinern. **Kirschtomaten** halbieren und mit Rucola und Pinienkernen in einer Schüssel mischen. • **Balsamico-Essig, Chilisauce, Zimt, Safran, Salz** und **Pfeffer** verrühren. Über den Salat träufeln, locker vermengen und auf einer Platte verteilen. • Fleisch aus dem Ofen nehmen, in sehr dünne Scheiben schneiden und auf dem Chilitomaten-Rucola-Salat anrichten. **Parmesan** darüberhobeln und servieren.

Info
Die in Italien bekannten Tagliata sind gebratene und in sehr dünne Scheiben geschnittene Rindfleischscheiben.

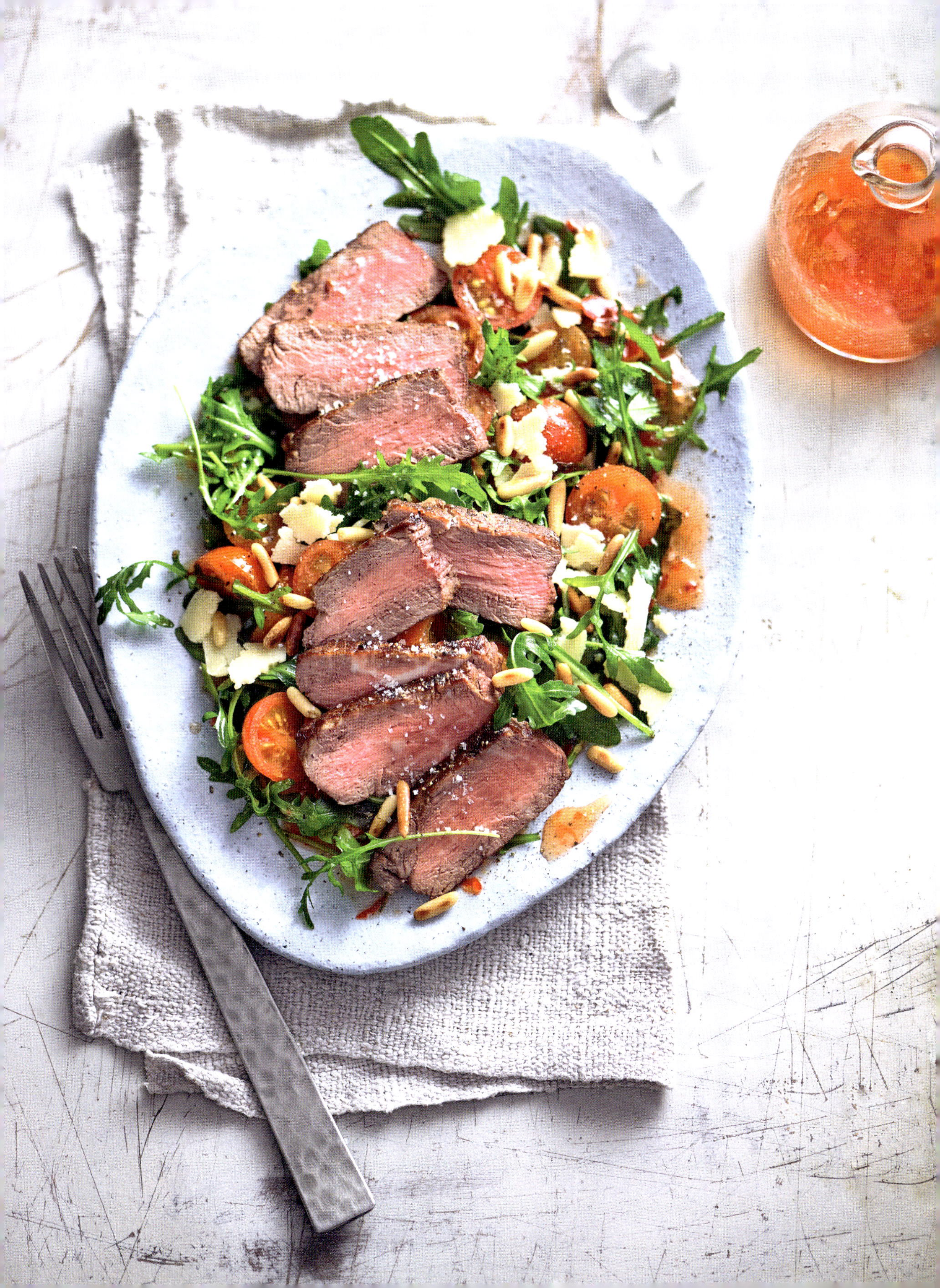

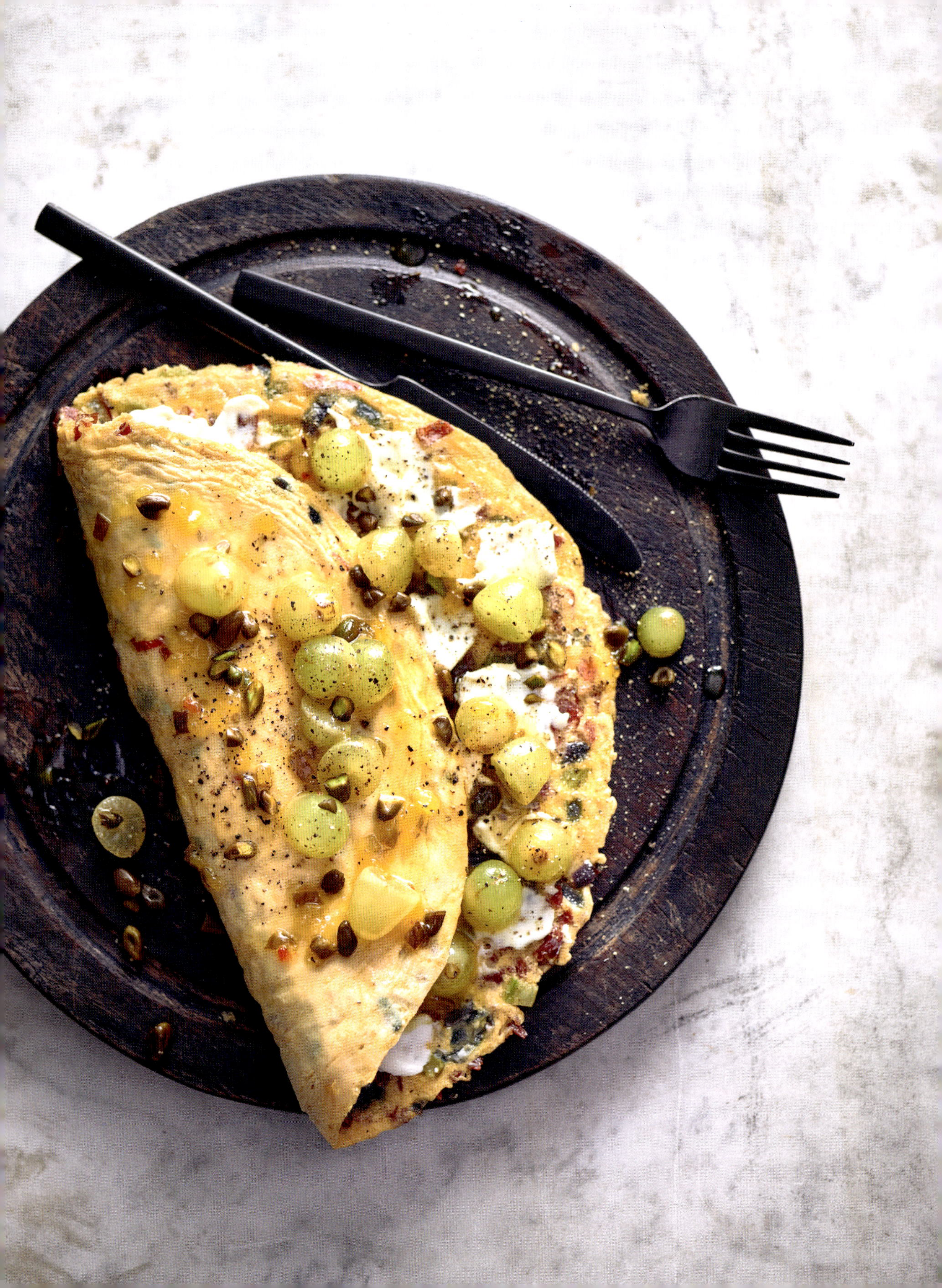

Hauptgerichte mit Fleisch

GOURMET-OMELETTE MIT ZIEGENFRISCHKÄSE UND HONIG-TRAUBEN

Nach dem Sport, glutenfrei

Nährwerte pro Portion:
310 kcal
KH 16 g, F 18 g, EW 21 g

Für 2 Personen

OMELETTE
50 g Staudensellerie
¼ rote Zwiebel
1 kleine Knoblauchzehe
40 g Bresaola in dünnen Scheiben
½ TL Butter
4 Spritzer rote Tabascosauce
Salz
3 Eier
schwarzer Pfeffer aus der Mühle
50 g Ziegenfrischkäse

HONIG-TRAUBEN
75 g weiße, kernlose Trauben
½ TL Butter
1 EL Honig
1 EL gehackte Pistazienkerne
½ TL Feigensenf

Zubereitungszeit: 25 Minuten

Für das Omelette **Staudensellerie** putzen und fein würfeln. **Zwiebel** und **Knoblauchzehe** schälen und fein würfeln. **Bresaola** klein schneiden. Alles in einer beschichteten Pfanne in **Butter** anschwitzen und mit **Tabasco** und etwas **Salz** würzen. • **Eier** in einen Mixbecher aufschlagen, etwas **Salz** und **Pfeffer** zugeben und mit dem Stabmixer durchmixen. Über das Gemüse gießen, die Hitze reduzieren und das Omelette auf mittlerer Stufe kurz stocken lassen – es sollte nicht ganz durchstocken. • Den **Ziegenfrischkäse** zerbröseln und über dem Omelette verteilen. Wenn die Eiermasse an der Oberfläche noch leicht feucht und glänzend ist, vorsichtig das Omelette mit einem Pfannenwender vom Pfannenrand lösen und zur Mitte hin umklappen. Auf eine vorgewärmte Platte geben und warm halten. • Für die Honig-Trauben die **Trauben** waschen, trocken tupfen und halbieren. In der Omelette-Pfanne die **Butter** aufschäumen und die Trauben darin kurz anbraten. Den **Honig** zugeben und bei mittlerer Hitze unter gelegentlichem Rühren karamellisieren. Zum Schluss die **Pistazien** zugeben und den **Feigensenf** unterrühren. • Die Honig-Trauben über dem Omelette verteilen und servieren.

HÄHNCHENSCHENKEL MIT MOJO ROJO UND GEBRATENEM GEMÜSE

Nach dem Sport, glutenfrei, laktosefrei

Nährwerte pro Portion:
450 kcal
KH 8 g, F 28 g, EW 38 g

Für 2 Personen

HÄHNCHEN
2 große Hähnchenschenkel (à 250 g)
Salz
schwarzer Pfeffer aus der Mühle
1 TL Olivenöl
50 ml trockener Weißwein
50 ml glutenfreie Gemüsebrühe
 (alternativ Instantbrühe)
2 EL Mojo rojo (aus dem Glas)

GEMÜSE
50 g Karotte
50 g Knollensellerie
50 g Pastinake
1 kleine rote Zwiebel
1 TL Olivenöl
¼ rote Chilischote
1 Prise Zucker
Salz
schwarzer Pfeffer aus der Mühle

Zubereitungszeit: 15 Minuten plus 40 Minuten Garzeit

Den Backofen auf 180 °C Ober-/Unterhitze vorheizen. • Die **Hähnchenschenkel** mit **Salz** und **Pfeffer** würzen und in einer ofenfesten Pfanne im **Olivenöl** von beiden Seiten anbraten. Mit **Weißwein** und **Brühe** ablöschen und **Mojo rojo** einrühren. Pfanne in den vorgeheizten Ofen stellen und die Hähnchenschenkel 40 Minuten sanft schmoren lassen. • Herausnehmen und die Sauce je nach Konsistenz auf dem Herd etwas einkochen lassen. Mit **Salz** und **Pfeffer** abschmecken. • Inzwischen **Karotte, Sellerie, Pastinake** und **Zwiebel** schälen, in etwa 1 cm große Würfel schneiden und in einer Pfanne im **Olivenöl** unter gelegentlichem Rühren anbraten. **Chilischote** entkernen, waschen, in Ringe schneiden, zugeben und alles unter gelegentlichem Rühren 3–4 Minuten bissfest garen. Mit **Zucker, Salz** und **Pfeffer** abschmecken. • Das gebratene Gemüse mit den Hähnchenschenkeln auf zwei Tellern anrichten, mit der Sauce beträufeln und servieren.

Tipp
Zu diesem Gericht passt gegarter Reis sehr gut.

Info
Mojo rojo ist eine scharf-pikante Sauce von den Kanaren, die rote Paprika- beziehungsweise Chilischoten enthält.

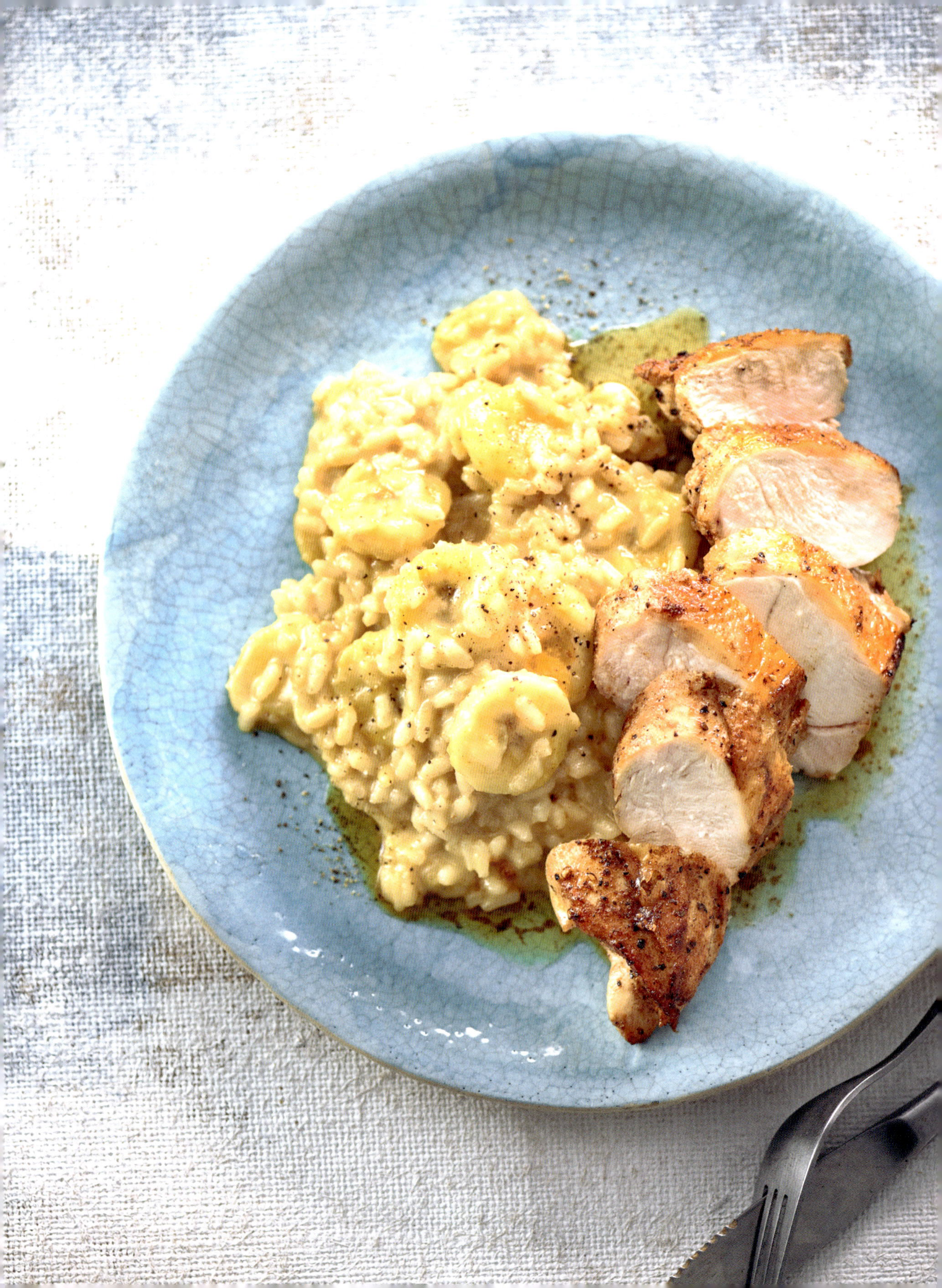

HÄHNCHENBRUST MIT CURRY-BANANEN-RISOTTO

Vor dem Sport, glutenfrei

Nährwerte pro Portion:
524 kcal
KH 34 g, F 24 g, EW 45 g

Für 2 Personen

Zubereitungszeit: 30 Minuten

HÄHNCHEN
2 Hähnchenbrustfilets
   mit Haut (à 150–170 g)
Salz
schwarzer Pfeffer aus der Mühle
½ TL mildes Paprikapulver

RISOTTO
200 ml glutenfreie Gemüsebrühe
   (alternativ Instantbrühe)
75 g Risottoreis
1 TL Olivenöl
50 ml trockener Weißwein
50 g Parmesan, frisch gerieben
Salz
schwarzer Pfeffer aus der Mühle
½ Banane
1 TL Butter
1–2 Msp. mildes Currypulver

Den Backofen auf 90 °C Ober-/Unterhitze vorheizen. • Für das Hähnchen die **Hähnchenbrustfilets** von beiden Seiten mit **Salz, Pfeffer** und **Paprikapulver** würzen. Dann mit der Hautseite nach unten in eine kalte, ofenfeste beschichtete Pfanne legen, erhitzen und so lange bei mittlerer Hitze braten, bis die Haut kross wird. Das Fleisch wenden, die Pfanne in den vorgeheizten Ofen setzen und 10–15 Minuten fertig garen. • Parallel dazu für den Risotto die **Gemüsebrühe** erhitzen. **Risottoreis** in einem kleinen Topf im **Olivenöl** anschwitzen, mit dem **Weißwein** ablöschen und einkochen. Nach und nach heiße Gemüsebrühe angießen und unter Rühren einkochen lassen. Sobald der Reis bissfest gegart ist, den **Parmesan** unterrühren. Risotto mit **Salz** und **Pfeffer** abschmecken und beiseitestellen. • **Banane** in Scheiben schneiden und in einer kleinen Pfanne in **Butter** anbraten. **Currypulver** darüberstäuben und vermengen. Die Currybananen unter den fertigen Risotto heben. • Curry-Bananen-Risotto auf zwei Teller verteilen. Hähnchenbrüste in Scheiben schneiden, auf dem Risotto anrichten und servieren.

HÄHNCHENGYROS MIT AUSTERNPILZEN UND DIP

Nach dem Sport, glutenfrei

Nährwerte pro Portion:
286 kcal
KH 7 g, F 14 g, EW 35 g

Für 2 Personen

Zubereitungszeit: 25 Minuten

HÄHNCHEN
2 kleine Hähnchenbrustfilets ohne Haut (à ca. 125 g)
1 TL getrockneter Oregano
½ TL getrockneter Thymian
1–2 Msp. mildes Paprikapulver
1 Prise gemahlener Kreuzkümmel (Cumin) oder gemahlener Kümmel
½ TL Salz
1–2 Msp. schwarzer Pfeffer aus der Mühle
3 TL Olivenöl

PILZE
1 kleine rote Zwiebel
100 g Austernpilze
1 TL Olivenöl
1 Knoblauchzehe
Salz
schwarzer Pfeffer aus der Mühle

DIP
1 kleine Knoblauchzehe
100 g griechischer Naturjoghurt (10 % Fett)
½ TL fein gehackte frische Minze
1 Prise Zucker
Salz

Für das Hähnchen die **Hähnchenbrustfilets** in dünne Streifen schneiden und in eine Schüssel geben. **Oregano, Thymian, Paprikapulver, Kreuzkümmel, Salz, Pfeffer** und **Olivenöl** verrühren. Die Würzmischung zum Fleisch geben und alles gut vermengen. • Die Hähnchenstreifen in einer beschichteten Pfanne unter Rühren 3–4 Minuten scharf anbraten und auf einen Teller geben. • Für die Pilze die **Zwiebel** schälen und in Streifen schneiden. **Austernpilze** putzen, in Streifen schneiden und mit der Zwiebel in derselben Pfanne im **Olivenöl** bei mittlerer Hitze anbraten. **Knoblauchzehe** schälen, hineinpressen, unterrühren und mit **Salz** und **Pfeffer** würzen. Dann das Fleisch zurück in die Pfanne geben, gut durchschwenken und nochmals abschmecken. • Für den Dip die **Knoblauchzehe** schälen und in eine Schale pressen. **Joghurt, Minze, Zucker** und etwas **Salz** zugeben und vermengen. • Das Hähnchengyros mit den Austernpilzen auf zwei Tellern anrichten und servieren. Dazu den Joghurt-Minze-Dip reichen.

Tipp
Serviert knuspriges (glutenfreies) Brot dazu. Probiert für das Hähnchen als geschmackliche Variante auch mal geräuchertes Paprikapulver, das ich persönlich sehr mag.

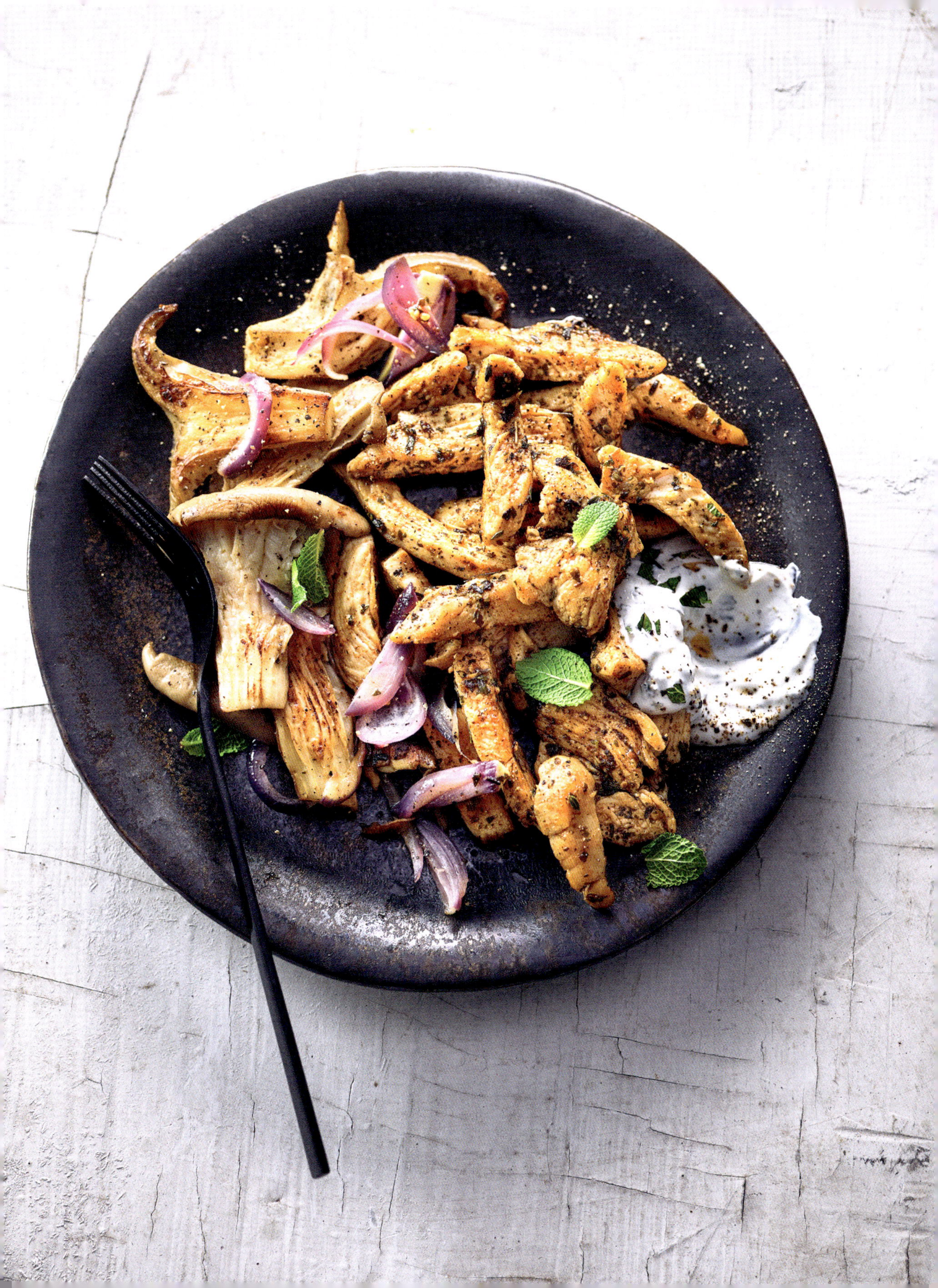

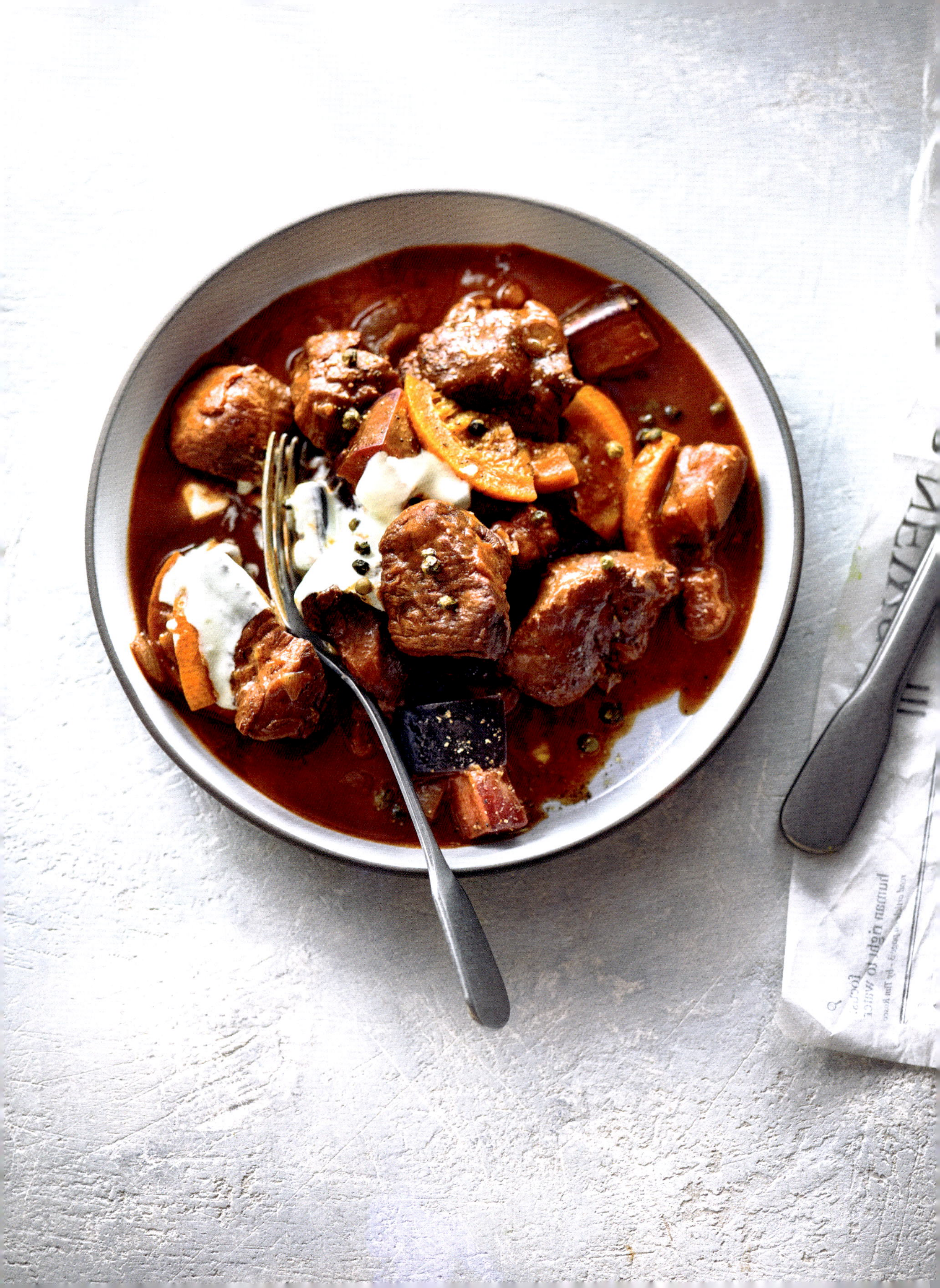

LAMMRAGOUT MIT ORANGE UND ZIMT

Nach dem Sport, glutenfrei

**Nährwerte pro Portion:
621 kcal**
KH 10 g, F 45 g, EW 39 g

Für 2 Personen

400 g Lammfleisch aus der Keule
Salz
schwarzer Pfeffer aus der Mühle
1 EL Olivenöl
50 g weiße Zwiebel
1 Knoblauchzehe
1 TL Tomatenmark
50 ml roter Portwein
50 ml trockener Rotwein
¼ kleine Bioorange
½ Zimtstange
¼ Aubergine
½ TL eingelegte grüne Pfefferkörner (aus dem Glas), abgetropft
75 g saure Sahne oder Schmand

Zubereitungszeit: 10 Minuten plus 60 Minuten Garzeit

Lammfleisch in 4 cm große Würfel schneiden und mit **Salz** und **Pfeffer** würzen. Die Fleischwürfel in einer Pfanne im heißen **Olivenöl** rundum anbraten. • **Zwiebel** und **Knoblauchzehe** schälen, klein würfeln, in die Pfanne geben und mitbraten. **Tomatenmark** einrühren und kurz anrösten. • Mit **Portwein** und **Rotwein** ablöschen und aufkochen. **Orange** in Scheiben schneiden und mit der **Zimtstange** zugeben. Abdecken und 60 Minuten sanft schmoren lassen. • Nach der Hälfte der Garzeit die **Aubergine** putzen, waschen, in 2 cm große Würfel schneiden und mit den **Pfefferkörnern** dazugeben. • Zum Schluss nochmals mit **Salz** und **Pfeffer** abschmecken. Dann die Zimtstange entfernen. • Lammragout auf zwei Teller verteilen, je einen Klecks **saure Sahne** auf die Portionen geben und servieren.

Tipp
Zum Lammragout passt gegarter Naturreis sehr gut.

KALBSSCHNITZEL MIT ZITRONE UND MEDITERRANEM KARTOFFELPÜREE

Vor dem Sport

Nährwerte pro Portion:
545 kcal
KH 30 g, F 28 g, EW 48 g

Für 2 Personen

PÜREE
300 g mehligkochende Kartoffeln
Salz
1 EL geröstete Pinienkerne
1 TL Kapern (aus dem Glas)
1 EL gehackte grüne Oliven
2 EL gehackte getrocknete Tomaten
2 EL Olivenöl
1 TL frisch gehackte Kräuter (z. B. Rosmarin, Estragon, Thymian)
200 ml Milch
3 EL frisch geriebener Parmesan
schwarzer Pfeffer aus der Mühle

SCHNITZEL
4 dünne Kalbsschnitzel (à ca. 80 g)
Salz
schwarzer Pfeffer aus der Mühle
1 EL Weizenmehl (Type 405)
1 EL Olivenöl
1 TL Butter
½ TL frisch gehackter Salbei
abgeriebene Schale und Saft von ½ Biozitrone

Zubereitungszeit: 30 Minuten

Für das Püree **Kartoffeln** schälen und in **Salzwasser** gar kochen. • Inzwischen **Pinienkerne, Kapern, Oliven** und **Tomaten** in einer Pfanne im **Olivenöl** anbraten, **Kräuter** einrühren und vom Herd nehmen. • **Milch** in einem Topf erhitzen. Kartoffeln abgießen, heiß durch die Kartoffelpresse in den Milchtopf drücken und zu einem cremigen Kartoffelpüree verrühren. Pinienkernmischung mit dem **Parmesan** unter das Püree rühren, mit **Salz** und **Pfeffer** abschmecken. Warm halten. • Die **Kalbsschnitzel** mit **Salz** und **Pfeffer** würzen und im **Mehl** wenden. **Olivenöl** und **Butter** in einer Pfanne erhitzen und die Schnitzel darin 2–3 Minuten anbraten. Die Schnitzel wenden und den **Salbei** zugeben. **Zitronenabrieb** darüberstreuen, mit **Zitronensaft** beträufeln, gut durchschwenken und noch 1–2 Minuten garen. • Mediterranes Kartoffelpüree auf zwei Teller verteilen, je zwei Kalbsschnitzel darauf anrichten, mit der Sauce aus der Pfanne beträufeln und sofort servieren.

Glutenfreie Variante
Für eine glutenfreie Variante beim Schnitzel statt Weizenmehl Reis- oder Kartoffelmehl verwenden.

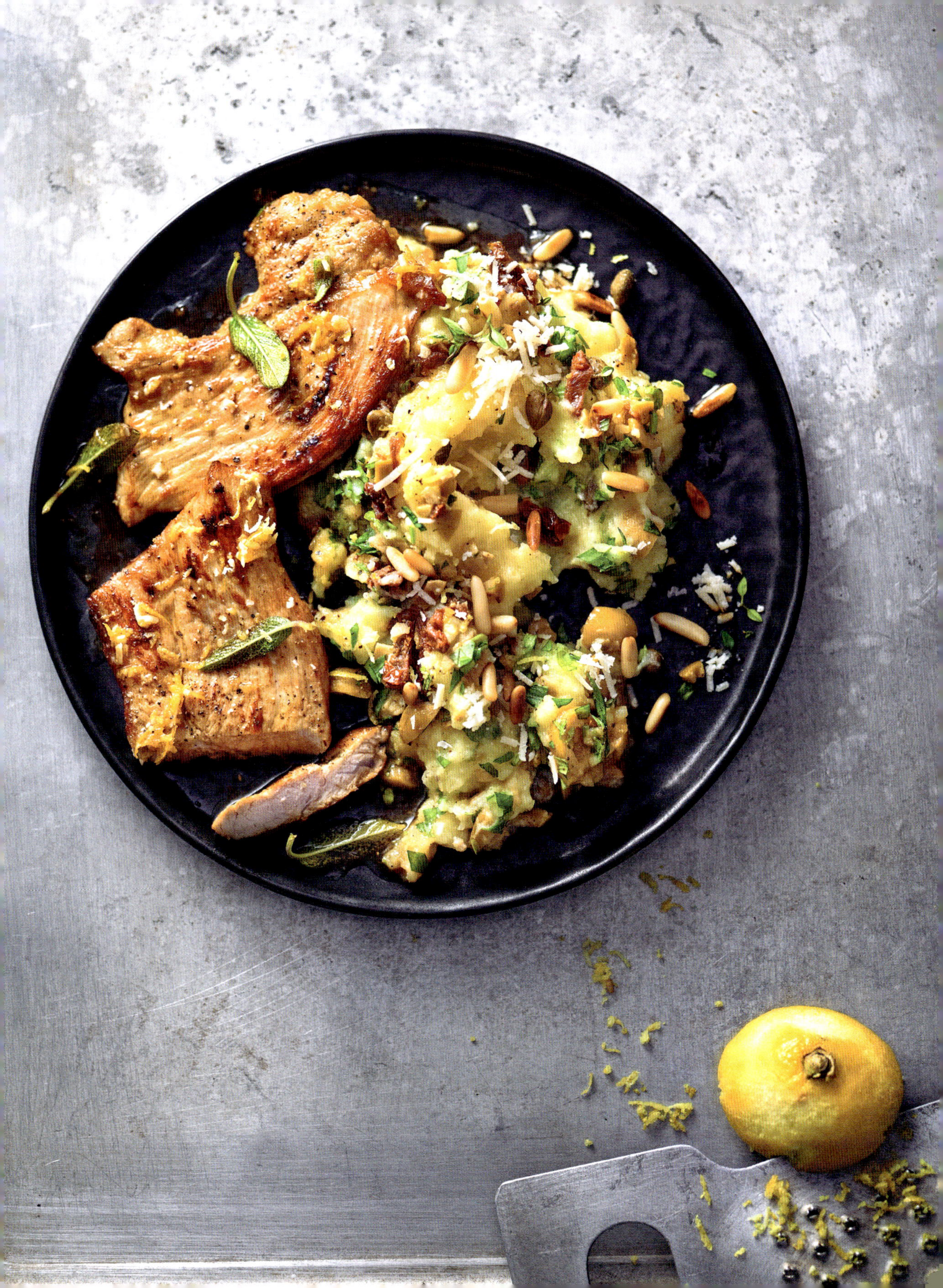

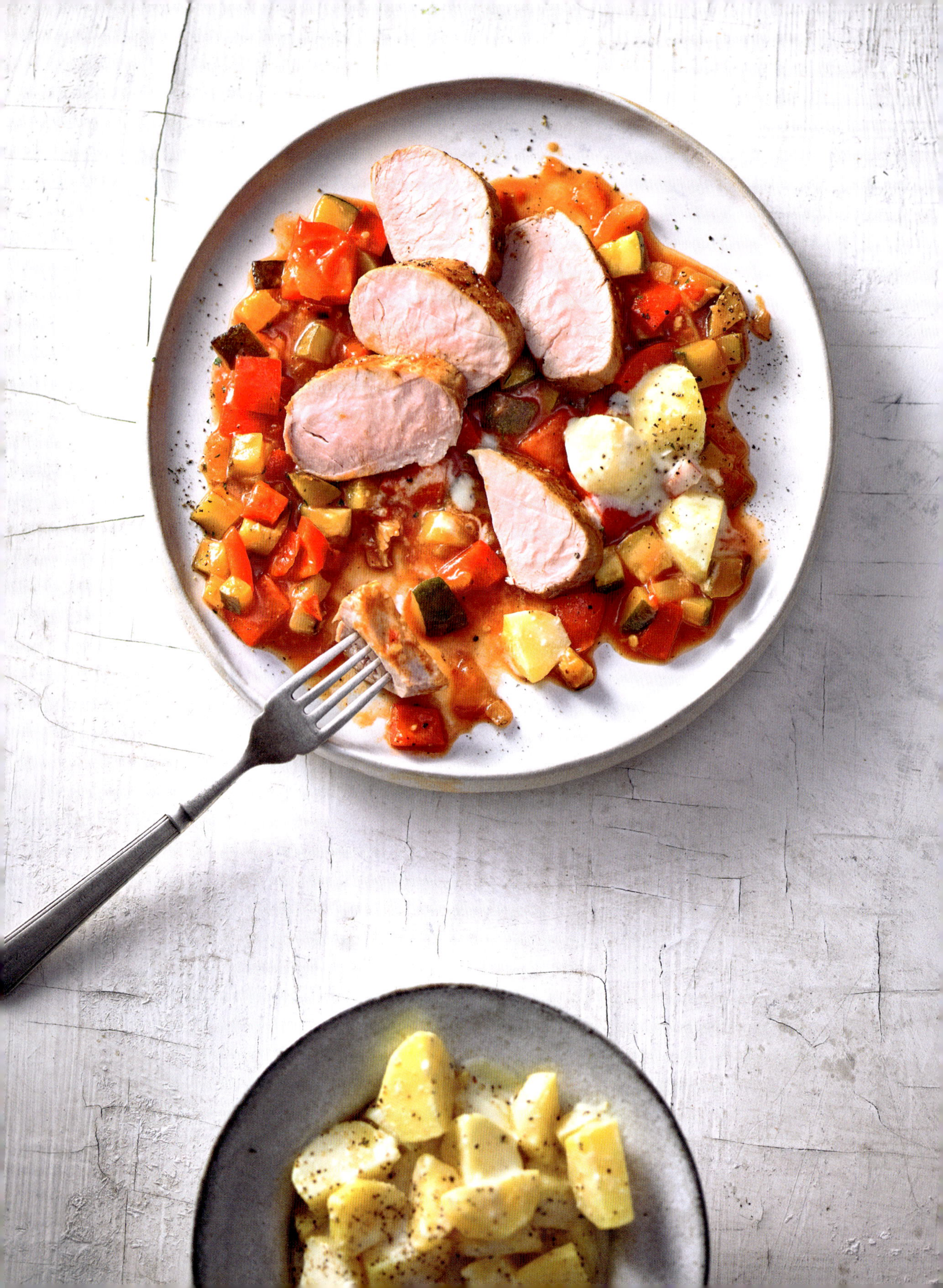

SCHWEINEFILET SÜSSSAUER MIT MEERRETTICHKARTOFFELN

Vor dem Sport

Nährwerte pro Portion:
474 kcal
KH 33 g, F 19 g, EW 43 g

Für 2 Personen

FLEISCH
350 g Schweinefilet am Stück
Salz
schwarzer Pfeffer aus der Mühle
1 EL Olivenöl

GEMÜSE
½ rote Paprikaschote
50 g weiße Zwiebel
50 g Zucchini
50 g passierte Tomaten
   (aus der Dose)
2 ½ EL süße Chilisauce
½ TL frisch geriebener Ingwer
1 EL weißer Balsamico-Essig
Salz
schwarzer Pfeffer aus der Mühle

MEERRETTICHKARTOFFELN
300 g festkochende Kartoffeln
Salz
50 g Sahne
3 TL Sahnemeerrettich (aus dem Glas)
2 Msp. Wasabipaste
schwarzer Pfeffer aus der Mühle

Zubereitungszeit: 35 Minuten

Den Backofen auf 90 °C Ober-/Unterhitze vorheizen. • Für das Fleisch das **Schweinefilet** mit **Salz** und **Pfeffer** würzen und in einer Pfanne im heißen **Olivenöl** rundum scharf anbraten. Das Fleisch auf das Backofengitterrost legen, eine Fettpfanne darunter platzieren und im vorgeheizten Ofen 25 Minuten fertig garen. Pfanne beiseitestellen. • In der Zwischenzeit für das Gemüse die **Paprikaschote** entkernen, waschen und würfeln. **Zwiebel** schälen und würfeln. **Zucchini** putzen, waschen und ebenfalls in Würfel schneiden. • Für die Meerrettichkartoffeln die **Kartoffeln** schälen, würfeln und in **Salzwasser** gar kochen. **Sahne, Sahnemeerrettich** und **Wasabipaste** mit etwas **Salz** und **Pfeffer** in einem Topf aufkochen. Kartoffelwürfel abgießen, zur Meerrettichsauce geben und vermengen. Warm halten. • Gemüsewürfel in der beiseitegestellten Fleischpfanne anbraten. **Passierte Tomaten** dazugeben und aufkochen. **Chilisauce, Ingwer** und **Balsamico-Essig** zugeben, dann mit **Salz** und **Pfeffer** abschmecken. • Das Schweinefilet aus dem Ofen nehmen, in Scheiben schneiden, mit süßsaurem Gemüse und Meerrettichkartoffeln auf zwei Tellern anrichten und servieren.

Glutenfreie Variante

Für eine glutenfreie Variante darauf achten, dass die Wasabipaste keine glutenhaltigen Bestandteile enthält.

PASTA MIT SALSICCIA UND HONIGZWIEBELN

Vor dem Sport

**Nährwerte pro Portion:
579 kcal**
KH 57 g, F 27 g, EW 25 g

Für 2 Personen

Zubereitungszeit: 40 Minuten

HONIGZWIEBELN
100 g weiße Zwiebeln
1 EL Butter
1 EL Honig
3 TL weißer Balsamico-Essig
Salz

PASTA
125 g Penne
Salz
½ Bund Rucola
150 g Salsiccia
1 TL Olivenöl
75 g Ricotta
schwarzer Pfeffer aus der Mühle

Für die Honigzwiebeln die **Zwiebeln** schälen, in Ringe schneiden und in einer Pfanne in **Butter** unter Rühren anbraten. Dann bei niedriger Hitze etwa 30 Minuten dünsten, bis die Zwiebelringe sehr weich sind. Den **Honig** dazugeben und bei mittlerer Hitze unter gelegentlichem Rühren 3–4 Minuten karamellisieren. Mit dem **Balsamico-Essig** ablöschen und mit **Salz** abschmecken. • Inzwischen für die Pasta die **Penne** in reichlich **Salzwasser** al dente garen, abgießen und kurz abtropfen lassen. • Währenddessen **Rucola** waschen und grob zerkleinern. **Salsiccia** häuten, die rohe Wurst mit den Fingern in kleine Stücke teilen und in einer Pfanne im heißen **Olivenöl** unter Rühren scharf anbraten. Die heiße, tropfnasse Pasta hinzufügen und gut vermengen. Rucola, **Ricotta** und etwas **Pfeffer** zugeben und kurz durchschwenken. • Pastagericht auf zwei Teller geben, die Honigzwiebeln darauf anrichten und genießen.

Glutenfreie Variante
Für eine glutenfreie Variante Vollkornreis-, Linsen- oder Maisnudeln verwenden.

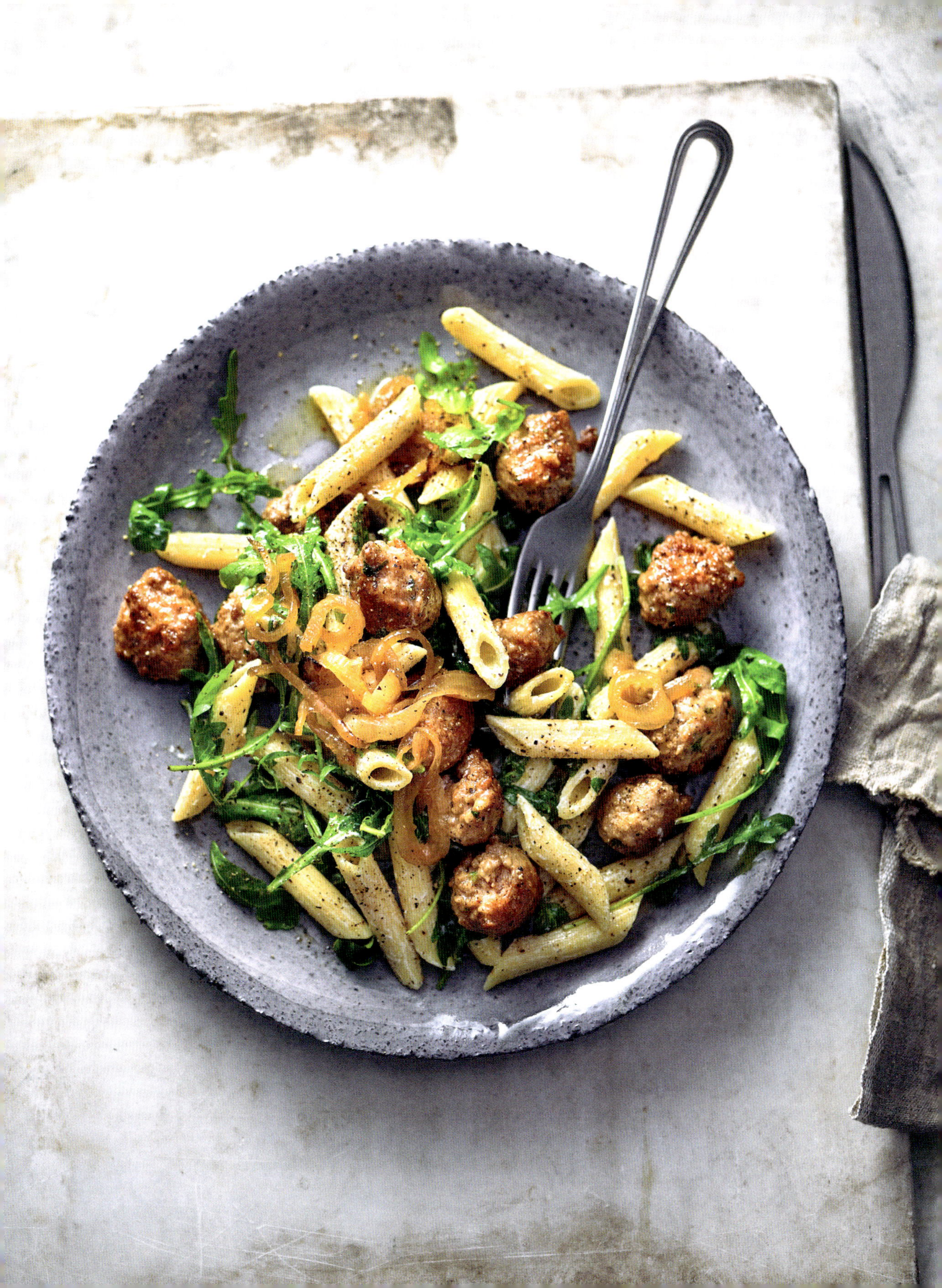

CHEAT DAY!

POWER-BURGER MIT BEEF UND JALAPEÑO-QUARKCREME

Vor dem Sport

Nährwerte pro Portion:
769 kcal
KH 41 g, F 35 g, EW 47 g

Für 2 Personen

Zubereitungszeit: 30 Minuten

BURGER
250 g Rinderhackfleisch
Salz
schwarzer Pfeffer aus der Mühle
½ rote Paprikaschote
100 g Parmesan, frisch gerieben
1 TL Olivenöl
1 EL Pflanzenöl
2 große Burger-Brötchen
    (vom Bäcker)

CREME
4 EL Speisequark (Magerstufe)
1 TL Olivenöl
2 Scheiben eingelegte
    Jalapeño-Chili
Salz
schwarzer Pfeffer aus der Mühle

Den Backofen bei Grillfunktion auf höchster Stufe vorheizen. • Für die Burger **Hackfleisch** mit **Salz** und **Pfeffer** würzen und vermengen. Die Fleischmasse halbieren, mit der Hand zu Kugeln formen und diese flach drücken. Die Pattys auf einen Teller legen, mit Frischhaltefolie abdecken und bis zur Verwendung kalt stellen. • **Paprikaschote** halbieren, entkernen, mit der Hautseite nach oben auf ein Backblech legen und unter dem vorgeheizten Backofengrill so lange rösten, bis die Haut schwarz wird und Blasen wirft. Herausnehmen, mit einem feuchten Küchentuch bedecken und lauwarm abkühlen lassen. • Inzwischen den **Parmesan** in zwei Kreisen auf ein mit Backpapier ausgelegtes Backblech streuen und im Backofen 5–8 Minuten goldbraun gratinieren. Dann mithilfe des Backpapiers vom Blech ziehen und die Parmesankräcker aushärten lassen. • Während der Gratinierzeit für die Creme **Speisequark** und **Olivenöl** in einer Schüssel cremig rühren. **Jalapeño-Scheiben** fein würfeln, zur Quarkmischung geben und vermengen. Quarkdip mit **Salz** und **Pfeffer** abschmecken. • Von den Paprikastücken die Haut abziehen, Fruchtfleisch in breite Streifen schneiden und in eine Schüssel geben. Mit **Salz** und **Pfeffer** würzen und das **Olivenöl** einrühren. • Die Pattys von beiden Seiten mit dem **Pflanzenöl** bestreichen und unter dem Backofengrill 6–8 Minuten grillen, dabei einmal wenden. • Die **Burger-Brötchen** quer aufschneiden, mit den Schnittflächen nach oben ebenfalls in den Backofen geben und etwa 2 Minuten mitrösten. • Herausnehmen und die Schnittflächen der Brötchenhälften mit der Quarkcreme bestreichen. Auf die unteren Brötchenhälften je einen Rindfleischpatty setzen. Marinierte Paprikastreifen darauf verteilen, Parmesankräcker auflegen und mit den restlichen Brötchenhälften bedecken. Die Power-Burger auf zwei Teller setzen und genießen.

JOGHURT-SMOOTHIE MIT HIMBEEREN

Glutenfrei, vegetarisch

Nährwerte pro Portion:
220 kcal
KH 24 g, F 7 g, EW 10 g

Für 2 Personen

250 g Himbeeren
1 EL Zucker
1 TL Vanillezucker
2 EL Zitronensaft
400 g Naturjoghurt

**Zubereitungszeit: 5 Minuten
plus 30 Minuten Kühlzeit**

Himbeeren waschen und kurz abtropfen lassen. • Himbeeren mit **Zucker, Vanillezucker, Zitronensaft** und **Joghurt** im Standmixer fein pürieren und etwa 30 Minuten kalt stellen. Alternativ den Stabmixer verwenden. • Nach der Kühlzeit die Joghurt-Smoothies in zwei Gläser füllen und genießen.

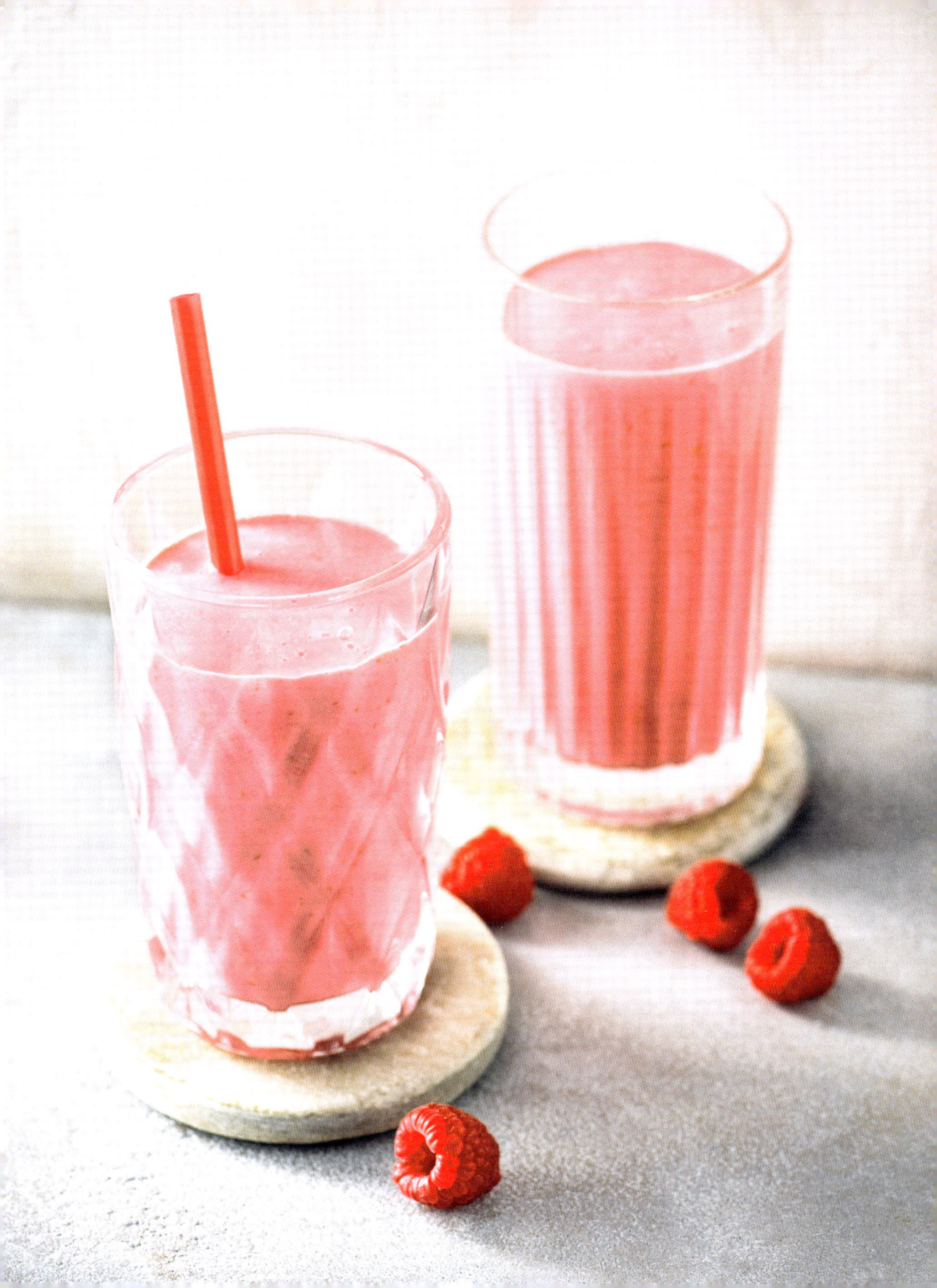

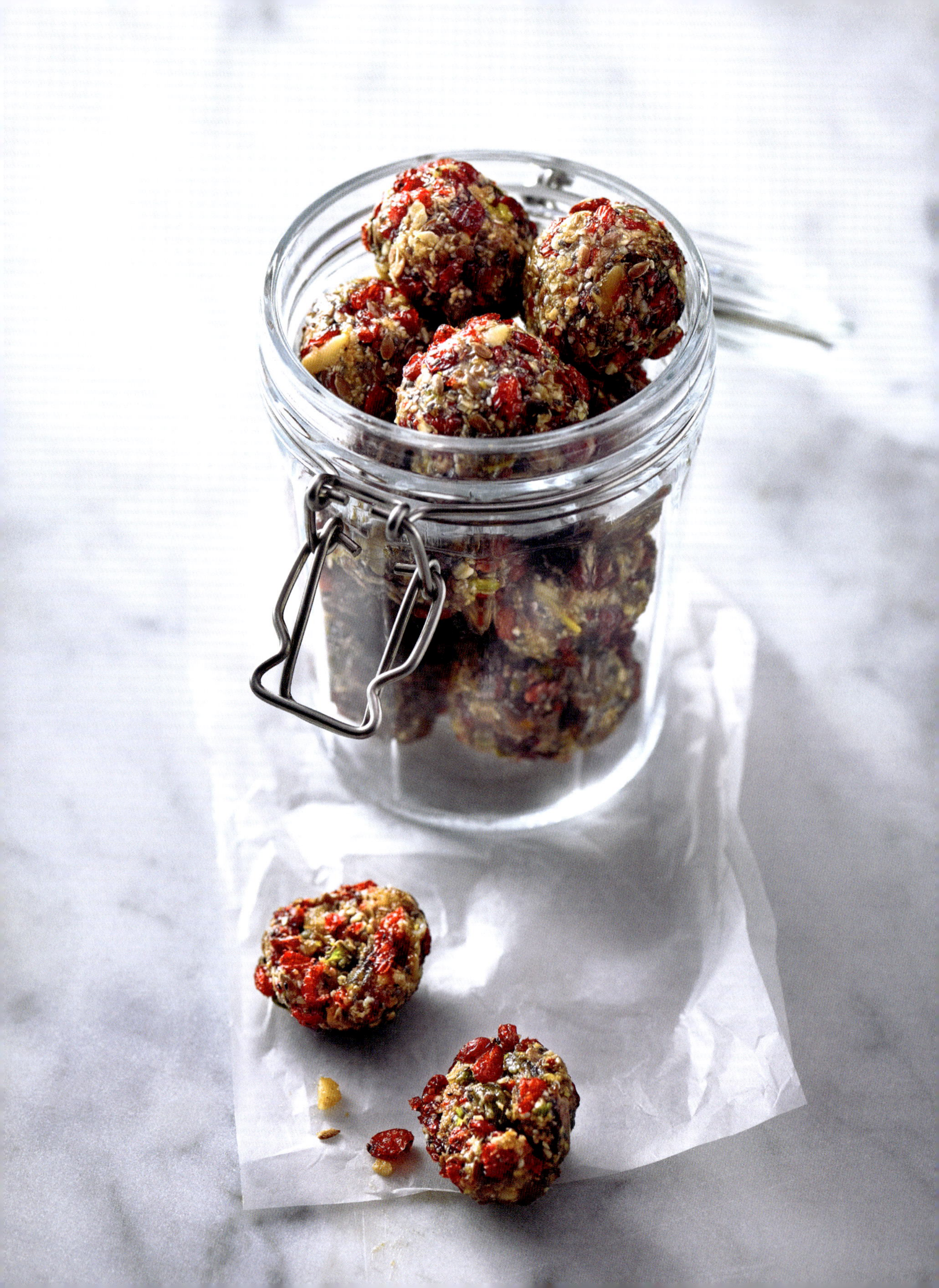

ENERGY BALLS MIT PISTAZIEN, PINIENKERNEN UND GOJIBEEREN

Laktosefrei, glutenfrei, vegetarisch

Nährwerte pro Stück:
138 kcal
KH 15 g, F 11 g, EW 3 g

Zutaten für ca. 20 Bällchen

225 g entsteinte Datteln
170 g Honig
1 EL Chiasamen
1 EL Leinsamen
1 Prise Salz
110 g glutenfreie, kernige Haferflocken
50 g Pistazienkerne
50 g Pinienkerne
120 g Gojibeeren

Zubereitungszeit: 10–15 Minuten

Alle **Zutaten** in den Standmixer geben und zu einer homogenen Masse verarbeiten. • Die Masse aus dem Mixer nehmen und mit den Händen zu etwa 20 Bällchen formen. In einen luftdicht schließenden Behälter füllen und im Kühlschrank aufbewahren.

Tipp
Die Energy Balls halten sich gut gekühlt 2–3 Wochen.

MÜSLIRIEGEL

Vegetarisch

Nährwerte pro Stück:
148 kcal
KH 11 g, F 10 g, EW 3 g

Zutaten für ca. 20 Riegel

100 g Soft-Aprikosen
150 g gemischte Nusskerne
(z. B. Mandelkerne, Cashewkerne, Macadamianusskerne)
50 g Sonnenblumenkerne
40 g gepuffter Amaranth
100 g Dinkelflocken
100 g Butter
80 g Honig
1 Prise Meersalz
2 EL Aprikosenfruchtaufstrich

Zubereitungszeit: 15 Minuten plus ca. 30 Minuten Backzeit

Den Backofen auf 150 °C Ober-/Unterhitze vorheizen. Ein Backblech mit Backpapier auslegen. • **Aprikosen** in kleine Stücke schneiden und in eine Schüssel geben. **Nüsse** und **Sonnenblumenkerne** hacken und hinzufügen. **Amaranth** und **Dinkelflocken** ebenfalls in die Schüssel geben und vermischen. • **Butter** mit **Honig** und **Salz** in einem Topf bei niedriger Hitze unter Rühren zerlassen. Die Dinkelflockenmischung einrühren und etwas abkühlen lassen. • Teigmasse etwa 1 cm dick auf dem vorbereiteten Backblech ausrollen. In den kalten Ofen schieben, die Temperatur auf 150 °C Ober-/Unterhitze stellen und etwa 30 Minuten backen, dabei nach der Hälfte der Backzeit die Oberfläche mit dem **Fruchtaufstrich** bestreichen. • Aus dem Ofen nehmen und auf dem Blech erkalten lassen. Dann in etwa 20 Riegel schneiden.

Laktosefreie/glutenfreie Variante

Für eine laktosefreie Variante statt Butter Butterschmalz verwenden und für eine glutenfreie Variante anstelle von Dinkelflocken glutenfreie zarte Haferflocken nehmen.

Tipp

Die Müsliriegel halten sich in einem luftdicht schließenden Behälter im Kühlschrank 2–3 Wochen.

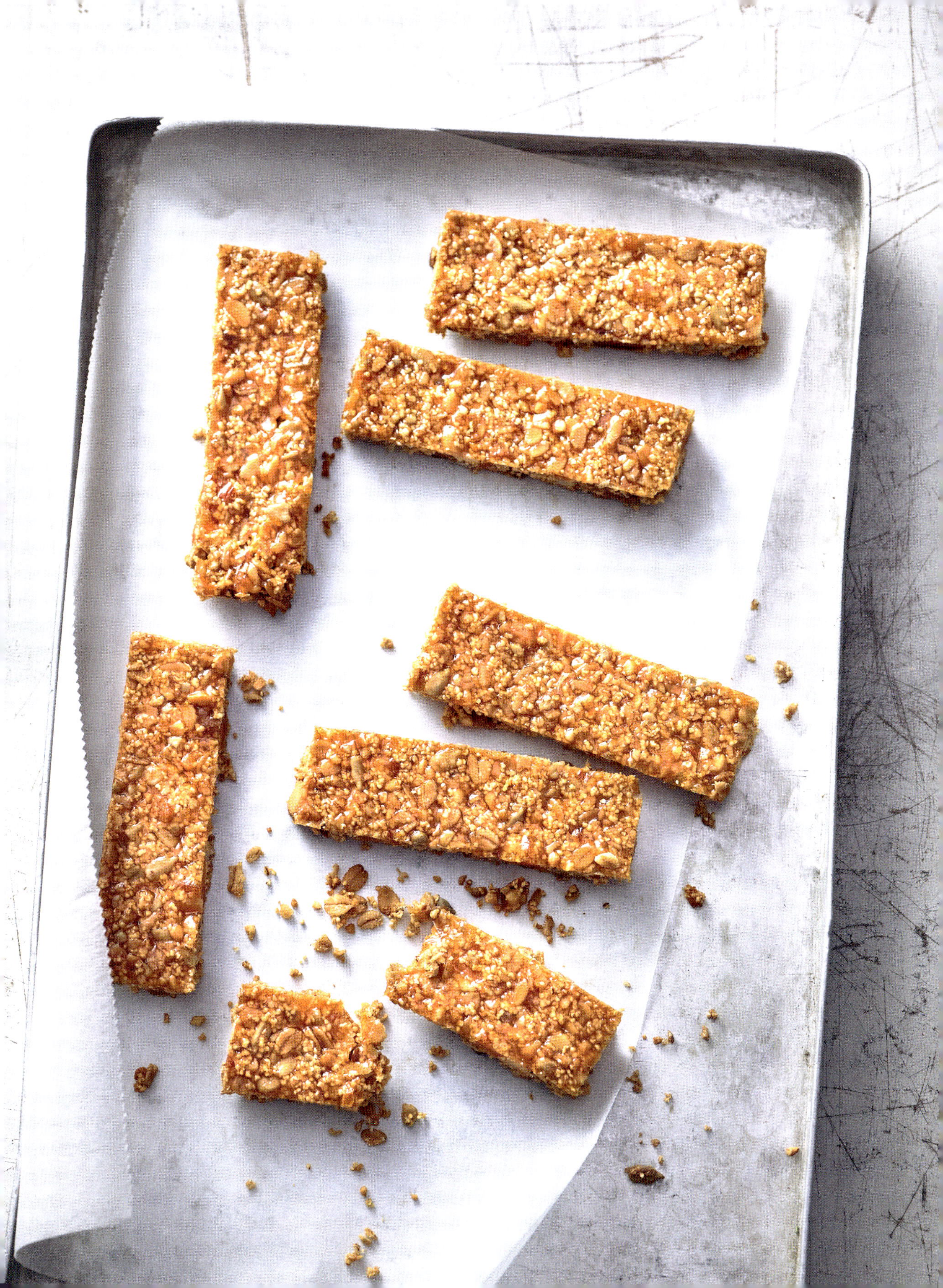

Tipp
Diese Müsli-Muffins schmecken frisch sehr lecker, ich finde aber, dass sie an den folgenden Tagen sogar noch aromatischer sind. Friert auch einige Muffins ein, denn sie sind relativ schnell aufgetaut, wenn man welche genießen möchte. Die Müsli-Muffins halten sich in einem luftdicht schließenden Behälter im Kühlschrank 3–4 Tage.

MÜSLI-MUFFINS

Vegetarisch

**Nährwerte pro Stück:
234 kcal**
KH 26 g, F 11 g, EW 6 g

Zutaten für 12 Muffins

100 g Getreideflockenmischung
60 g Haselnusskerne
60 g getrocknete Früchte
 (z. B. Aprikosen, Rosinen, Feigen)
75 g Weizenvollkornmehl
150 g Weizenmehl (Type 405)
2 TL Backpulver
60 g brauner Zucker
1 Msp. gemahlener Zimt
80 g Butter
2 Eier
250 ml Milch

AUSSERDEM
12er-Muffinblech und
 12 Papierbackförmchen (alternativ
 12 Silikon-Muffinförmchen)

Zubereitungszeit: 15 Minuten plus ca. 10 Minuten Abkühlzeit und ca. 20 Minuten Backzeit

Den Backofen auf 200 °C Ober-/Unterhitze vorheizen. Die Papierbackförmchen in die Mulden der Muffinform setzen. • **Getreideflocken** in einer beschichteten Pfanne ohne Fettzugabe unter Rühren anrösten und auf einem Teller etwa 10 Minuten abkühlen lassen. • Inzwischen **Haselnüsse** hacken, **Trockenfrüchte** gegebenenfalls würfeln und alles in eine Schüssel geben. Beide **Mehle, Backpulver, Zucker** und **Zimt** mit den Getreideflocken hinzufügen, vermischen und in die Mitte eine Mulde drücken. • **Butter** in einem kleinen Topf zerlassen. **Eier** und **Milch** verquirlen, mit der zerlassenen Butter in die Mulde gießen und alles kurz verrühren. Den Teig in die vorbereitete Form füllen und im vorgeheizten Backofen auf der mittleren Schiene etwa 20 Minuten hellbraun backen. • Herausnehmen und kurz abkühlen lassen. Dann die Müsli-Muffins aus dem Muffinblech heben und auf einem Kuchengitter vollständig auskühlen lassen.

Laktosefreie Variante
Für eine laktosefreie Variante statt Butter Butterschmalz und statt Kuhmilch ungesüßten Pflanzendrink verwenden.

POWER-NUSSECKEN MIT APRIKOSE

Vegetarisch

**Nährwerte pro Stück:
247 kcal**
KH 18 g, F 17 g, EW 3 g

**Zutaten für
ca. 24 kleine Nussecken**

TEIG
220 g Weizenmehl (Type 405) plus
　　etwas Mehl zum Bestreuen
1 TL Backpulver
170 g Zucker
200 g kalte Butter in Stücken
1 Eigelb
Mark von 1 Vanilleschote
frisch geriebene ¼ Tonkabohne

BELAG
300 g Pekannusskerne
100 g Soft-Aprikosen
2 EL Honig
4 EL Cointreau
100 g Zucker
100 g Butter
50 g Bitterschokolade
　　(70 % Kakaoanteil)

**Zubereitungszeit: 30 Minuten plus
20 Minuten Backzeit**

Den Backofen auf 180 °C Ober-/Unterhitze vorheizen. • Für den Teig **Mehl** und **Backpulver** in einer Schüssel vermischen. **Zucker, Butter, Eigelb, Vanille** und **Tonkabohne** zugeben und alles zu einem festen Teig verkneten. Den Teig auf einem leicht **bemehlten** Bogen Backpapier zu einem Rechteck ausrollen, das die Größe des Backblechs hat. Auf das Blech ziehen und mit einer Gabel mehrfach einstechen. • Für den Belag **Pekannusskerne** und **Aprikosen** hacken und in einen Topf geben. **Honig, Cointreau, Zucker** und **Butter** hinzufügen und unter gelegentlichem Rühren aufkochen. Die heiße Masse gleichmäßig auf dem Teig verteilen und im vorgeheizten Backofen 20 Minuten backen. • Herausnehmen, etwas abkühlen lassen, in etwa 24 kleine Dreiecke schneiden und zum Auskühlen auf ein Kuchengitter setzen. • Die **Schokolade** in eine kleine hitzebeständige Schüssel brechen, auf einen Topf mit simmerndem Wasser setzen und schmelzen. Die flüssige Schokolade dekorativ in Streifen über die Nussecken träufeln und fest werden lassen.

Tipp
Die Power-Nussecken halten sich in einem gut schließenden Behälter an einem kühlen Ort 2–3 Wochen.

CHEAT DAY!

WWW.MENGENRECHNER.DE — UNSER KOSTENLOSER SERVICE FÜR SIE

Der Einkaufs- und Ernährungsassistent für unsere Kochbücher

Abschreiben oder Abfotografieren war gestern
Rezepte aus unseren Kochbüchern lassen sich kostenlos auf **www.mengenrechner.de** an die Personenzahl und individuelle Portionsgrößen anpassen und als E-Mail auf euer Smartphone schicken oder gleich dort aufrufen. Zutaten lassen sich streichen, neue Zutaten ergänzen.

Rezept- und Zutatenfilter
Sucht zum Beispiel nach veganen, vegetarischen, glutenfreien, laktosefreien oder nach Rezepten mit Zutaten, die ihr noch vorrätig habt. Speichert eure Lieblingsrezepte und Einkaufslisten.

Persönlicher Ernährungsassistent
Sortiert Rezepte nach Kalorien, Kohlenhydraten, Fett- oder Eiweißgehalt. Berechnet wissenschaftlich euren täglichen Kalorienbedarf und -verbrauch. Legt Maximalwerte für Kalorien- oder Kohlenhydrataufnahme fest. Führt Tagesprotokolle mit Nährwertbilanz.

ANHANG

VITA

„Enjoy your Life" – so lautet das Lebensmotto von Christian Henze. Authentische Begeisterung und außergewöhnliche Begabung fürs Kochen: Das sind die Grundzutaten, die den TV-Starkoch auszeichnen. Er selbst sagt: „Kochen ist für mich Leidenschaft. Das ist und bleibt die wichtigste Zutat für ein perfektes Ergebnis."

Christian Henze, in Füssen im Allgäu geboren, ist deutscher Sternekoch. Seine Laufbahn begann 1985 im „Hotel Lisl" in Hohenschwangau, wo er seine Kochlehre absolvierte. Anschließend arbeitete er in der „Schlosswirtschaft" in Illereichen (ein Michelin-Stern), als zweiter Küchenchef im Restaurant „Agnes Amberg" in Zürich (ein Michelin-Stern) und bei Eckart Witzigmann (drei Michelin-Sterne). Zudem war er viele Jahre als Privatkoch für Gunter Sachs tätig. 1995 eröffnete er sein erstes eigenes Restaurant in Probstried bei Kempten und wurde seinerzeit dort zum jüngsten Sternekoch Deutschlands gekürt.

Heute ist er unter anderem Inhaber der „Christian Henze Kochschule", eine der größten Kochschulen Deutschlands, und betreibt ein erfolgreiches Genussunternehmen mit verschiedenen Bereichen und insgesamt 50 Mitarbeitern. Im Dezember 2018 eröffnete er im Herzen von Kempten sein neues Restaurant „Goldenes Fässle".

Christian Henze ist stets in kulinarischer Mission unterwegs und vermittelt das auch bei seinen Auftritten als Gastredner.

Außerdem ist Christian Henze ein erfolgreicher Fernsehkoch. So kocht er seit 2004 immer freitags bei „MDR um vier" (MDR). Insgesamt war Christian Henze bereits bei mehr als 2.500 TV-Sendungen aktiv.

DANK

Mein Dank geht an **Tanja Arnold,** meine sehr geschätzte Redakteurin im BR bei LAUF10!. Sie ist eine echte Macherin, die Ideen umsetzt, und ist mit einer Herzlichkeit ausgestattet, die erfrischt und Lebensfreude vermittelt. Liebe Tanja, vielen Dank und eine große Umarmung!

Danke an **Prof. Dr. Martin Halle,** Leiter des Lehrstuhls für Sportmedizin an der TU München, der dem ganzen Projekt mit seiner Fachkompetenz den wissenschaftlichen Background verleiht. Er ist einer der besten und gleichzeitig lockersten Professoren, die ich kenne.

Ebenfalls bedanken möchte ich mich bei **Tobias Kofferschläger,** Leichtathletik-Bundestrainer – ein echter Sportsmann, der mit seinen fundierten und motivierenden Antworten einen tollen Beitrag geleistet hat.

Ein großes Dankeschön geht an meinen Verleger **Ralf Joest.** Ohne ihn wäre dieses Buch nicht entstanden. Vielen Dank für seine Offenheit und sein gutes Gespür für die aktuellen Bedürfnisse und Themen aller Kochbegeisterten. Es war mir eine sehr große Freude, mit ihm zusammenzuarbeiten. Ralf, du bist eine Granate, ohne Worte!

Johanna Hänichen hat das gesamte Projekt, mit dem dahinterstehenden Team vom Verlag, mit ihrer professionellen und freundlichen Art perfekt begleitet. Danke!

Ein besonderer Dank geht an **Kay Johannsen,** die People-Fotos für dieses Buch sind wirklich wieder toll geworden! Ich schätze Kay nicht nur als Fotografen sehr, sondern auch als Menschen – sympathisch, mit tollem Charakter und zwei tollen Hunden, die immer für Spaß und Ruhe am Set sorgen.

Hubertus Schüler, ihm danke ich für die tolle Arbeit! Ich bin begeistert, wie er aus meinen Rezepten optisch wahre Hingucker geschaffen hat.

Ein herzlicher Dank geht an meine rechte Hand und Assistentin **Nadja Scholder** – ohne sie wäre ich aufgeschmissen! Sie managt meinen Tagesablauf, koordiniert meinen Terminplan, hat diesen immer im Blick und sorgt dafür, dass alles läuft. Sie begleitet all meine Projekte und auf ihren Rat vertraue ich immer.

Vielen Dank an mein super **Team,** das mich bei der Entwicklung tatkräftig unterstützt hat, und an die **Köche** im Team, die die Marke „Henze" so weit nach vorn gebracht und mitgeprägt haben. Es ist toll zu sehen, was entsteht, wenn alle an einem Strang ziehen.

Irmi Rumberger bringt es fertig, meine gedanklichen Rezeptideen und meine handschriftlichen, manchmal schwer lesbaren Notizen in digitale Rezeptgitter zu setzen. Danke, Irmi! ☺

Danke an **Şebnem Yavuz,** die mit ihrer schnellen Auffassungsgabe meine Rezepte perfekt adaptiert und redigiert hat. Sie hat von Anfang an meine Art zu kochen verstanden, ohne dass ich groß etwas erklären musste. Kulinarisch sind wir auf einer Wellenlänge.

Der größte Dank gilt **meiner Frau Pia,** auf die ich mich blind verlassen und auf deren Rat ich immer vertrauen kann, und **meiner Familie,** die mich bei jedem neuen Projekt unterstützt und bestärkt! Die Zeit während des Kochbuchschreibens ist nicht immer ganz einfach, besonders dann, wenn ich wieder wochenlang zu Hause unseren Esstisch blockiere. Gleichzeitig freut sich die Familie, wenn ich ein neues Buch schreibe, denn dann kommen auch fast täglich neue Gerichte auf den Tisch.

REZEPTREGISTER

A

Alpen-Starter 32
Asia-Lachs mit Thai-Nudeln und Limette 133
Asiatische Vitaminrolle mit Wasabinüssen 97
Avocadobrot mit Bacon und Aprikose 36
Avocado-Omelette mit Honig 35
Avocadosalat und Ciabatta mit Tomatenmarmelade 52

B

Basilikumschaumsuppe mit Lachs 79

C

Ceviche vom Heilbutt mit Chili, Avocado und Knusperbrot 114
Chicoréesuppe, schaumige, mit Taleggio 92
Chilitomaten-Rucola-Salat 134
Couscous-Salat „1001 Nacht" mit geräuchertem Lachs 75
Cremige Meerrettichsuppe mit Apfel 80
Cremige Tomatensuppe mit Joghurt und Parmaschinken 83
Curry-Bananen-Risotto 141

D

Dinkel-Pancakes mit Banane 51

E

Ei, pochiertes, mit Kohlrabi und Meerrettich-Senf-Sauce 106
Energy Balls mit Pistazien, Pinienkernen und Gojibeeren 157

F

Feldsalat mit Garnelen und Thunfisch-Aioli 55
Fenchelsalat, lauwarmer, mit Aprikose und Pecorino-Bulgur 59
Fenchelstreifen mit Mandeln und Pecorino-Bulgur 101
Feta mit Couscous und Harissa-Tomaten-Marmelade 110
Fischsuppe, geniale, mit Sauce Rouille 95
Fitness-Birchermüsli, mein 44
Fitnessrührei mit Hüttenkäse 40
Fitness-Schichtsalat mit Joghurtcreme 56
Fruchtige Kürbiscremesuppe mit Maronen und Aprikosen 84

G

Gefüllte Zucchini mit Taleggio und Kartoffel 98
Gegrillte Pilze mit Limonenmarinade und Mozzarella 130
Geniale Fischsuppe mit Sauce Rouille 95
Gourmet-Omelette mit Ziegenfrischkäse und Honig-Trauben 137
Gourmet-Spiegelei mit Chorizo 39
Granatapfel-Minze-Joghurt 121

H

Hähnchenbrust mit Curry-Bananen-Risotto 141
Hähnchengyros mit Austernpilzen und Dip 142
Hähnchenschenkel mit Mojo rojo und gebratenem Gemüse 138
Harissa-Tomaten-Marmelade 110
Hirsesalat, lauwarmer, mit gratinierter Aubergine 60

J

Jalapeño-Quarkcreme 153
Joghurt-Smoothie mit Himbeeren 154
Joghurtsuppe, kalte, mit Gurke und Harissa 87

K

Kalbsschnitzel mit Zitrone und mediterranem Kartoffelpüree 146
Kalte Joghurtsuppe mit Gurke und Harissa 87
Käsetaler, knusprige, mit rahmigem Gurken-Dill-Salat 105
Knusperbrot mit Tomatensalat und roten Zwiebeln 72
Knusper-Pistazien-Müsli 48
Knusprige Käsetaler mit rahmigem Gurken-Dill-Salat 105
Knuspriger Wolfsbarsch mit süßsaurem Spargel und grünem Püree 113
Kokos-Reis-Müsli 43
Kräuterforelle im Salzteig mit Salsa 118
Kürbiscremesuppe, fruchtige, mit Maronen und Aprikosen 84

L

Lachsplätzchen mit Granatapfel-Minze-Joghurt 121
Lammragout mit Orange und Zimt 145
Lauchsuppe „Tandoori" mit Mandelcrunch 88
Lauwarmer Fenchelsalat mit Aprikose und Pecorino-Bulgur 59
Lauwarmer Hirsesalat mit gratinierter Aubergine 60
Lauwarmer Nudelsalat mit Mozzarella und weißen Bohnen 63
Linsensuppe, rote, mit Limettenblättern und Kokoscrunch 91

M

Meerrettich-Senf-Sauce 106
Meerrettichsuppe, cremige, mit Apfel 80
Mein Fitness-Birchermüsli 44
Mein Nizza-Salat mit Burrata 64
Melonensalat mit Schafskäse, Sonnenblumenkernen und Limonenöl 67
Miesmuscheln mit Zitronengras und Limette 122
Müsli-Muffins 161
Müsliriegel 158

N

Nizza-Salat, mein, mit Burrata 64

REGISTER NACH KENNZEICHNUNG

Nudelsalat, lauwarmer, mit Mozzarella und weißen Bohnen 63

P
Pappardelle mit Feigen, Gorgonzola
 und Rucola 102
Pappardelle mit Räucherlachs, Trauben
 und Fenchel 125
Pasta mit Salsiccia und Honigzwiebeln 150
Peperonata-Salat mit Pilzen und Rucolapesto 68
Pilze, gegrillte, mit Limonenmarinade
 und Mozzarella 130
Pochiertes Ei mit Kohlrabi und
 Meerrettich-Senf-Sauce 106
Power-Burger mit Beef und
 Jalapeño-Quarkcreme 153
Power-Nussecken mit Aprikose 162

Q
Quarkcreme mit Chia und Mango 47

R
Rote Linsensuppe mit Limettenblättern
 und Kokoscrunch 91
Rucolapesto 68
Rucola-Risotto mit frittiertem Ei und Zitronenöl 109
Rucolasalat mit Wasabi-Dressing und Nüssen 71
Rucolasüppchen mit Kokos 76

S
Schaumige Chicoréesuppe mit Taleggio 92
Schweinefilet süßsauer mit
 Meerrettichkartoffeln 149
Spaghetti mit Tintenfisch-Bolognese 117

T
Tagliata auf süßem Chilitomaten-Rucola-Salat 134
Thunfischsteak mit Kaiserschoten
 in Kokos-Curry-Sauce 126
Tomatensuppe, cremige, mit Joghurt
 und Parmaschinken 83

V
Vitaminrolle, asiatische, mit Wasabinüssen 97

W
Wolfsbarsch, knuspriger, mit süßsaurem Spargel
 und grünem Püree 113

Z
Zander mit Parmaschinken und Pilzragout 129
Zucchini, gefüllte, mit Taleggio und Kartoffel 98

C
Cheat Day
Asia-Lachs mit Thai-Nudeln und Limette 133
Couscous-Salat „1001 Nacht" mit geräuchertem Lachs 75
Dinkel-Pancakes mit Banane 51
Feta mit Couscous und Harissa-Tomaten-Marmelade 110
Geniale Fischsuppe mit Sauce Rouille 95
Power-Burger mit Beef und Jalapeño-Quarkcreme 153
Power-Nussecken mit Aprikose 162
Rucola-Risotto mit frittiertem Ei und Zitronenöl 109

G
Glutenfrei
Asia-Lachs mit Thai-Nudeln und Limette 133
Avocado-Omelette mit Honig 35
Cremige Tomatensuppe mit Joghurt und Parmaschinken 83
Energy Balls mit Pistazien, Pinienkernen und Gojibeeren 157
Feldsalat mit Garnelen und Thunfisch-Aioli 55
Fitnessrührei mit Hüttenkäse 40
Fitness-Schichtsalat mit Joghurtcreme 56
Fruchtige Kürbiscremesuppe mit Maronen und Aprikosen 84
Gefüllte Zucchini mit Taleggio und Kartoffel 98
Gegrillte Pilze mit Limonenmarinade und Mozzarella 130
Gourmet-Omelette mit Ziegenfrischkäse und Honig-Trauben 137
Gourmet-Spiegelei mit Chorizo 39
Hähnchenbrust mit Curry-Bananen-Risotto 141
Hähnchengyros mit Austernpilzen und Dip 142
Hähnchenschenkel mit Mojo rojo und gebratenem Gemüse 138
Joghurt-Smoothie mit Himbeeren 154
Kalte Joghurtsuppe mit Gurke und Harissa 87
Knusper-Pistazien-Müsli 48
Kokos-Reis-Müsli 43
Kräuterforelle im Salzteig mit Salsa 118
Lachsplätzchen mit Granatapfel-Minze-Joghurt 121
Lammragout mit Orange und Zimt 145
Lauchsuppe „Tandoori" mit Mandelcrunch 88
Mein Fitness-Birchermüsli 44
Melonensalat mit Schafskäse, Sonnenblumenkernen
 und Limonenöl 67
Miesmuscheln mit Zitronengras und Limette 122
Peperonata-Salat mit Pilzen und Rucolapesto 68
Quarkcreme mit Chia und Mango 47
Rote Linsensuppe mit Limettenblättern und Kokoscrunch 91
Rucolasüppchen mit Kokos 76
Tagliata auf süßem Chilitomaten-Rucola-Salat 134
Thunfischsteak mit Kaiserschoten in Kokos-Curry-Sauce 126
Zander mit Parmaschinken und Pilzragout 129

L
Laktosefrei
Asia-Lachs mit Thai-Nudeln und Limette 133

Asiatische Vitaminrolle mit Wasabinüssen 97
Energy Balls mit Pistazien, Pinienkernen
    und Gojibeeren 157
Hähnchenschenkel mit Mojo rojo
    und gebratenem Gemüse 138
Knusper-Pistazien-Müsli 48
Kokos-Reis-Müsli 43
Miesmuscheln mit Zitronengras und Limette 122
Rote Linsensuppe mit Limettenblättern und Kokoscrunch 91
Rucolasalat mit Wasabi-Dressing und Nüssen 71
Rucolasüppchen mit Kokos 76
Thunfischsteak mit Kaiserschoten
    in Kokos-Curry-Sauce 126

N
Nach dem Sport
Avocadobrot mit Bacon und Aprikose 36
Basilikumschaumsuppe mit Lachs 79

Glutenfrei
Avocado-Omelette mit Honig 35
Cremige Tomatensuppe mit Joghurt
    und Parmaschinken 83
Feldsalat mit Garnelen und Thunfisch-Aioli 55
Fitnessrührei mit Hüttenkäse 40
Fitness-Schichtsalat mit Joghurtcreme 56
Gegrillte Pilze mit Limonenmarinade und Mozzarella 130
Geniale Fischsuppe mit Sauce Rouille 95
Gourmet-Omelette mit Ziegenfrischkäse und
    Honig-Trauben 137
Gourmet-Spiegelei mit Chorizo 39
Hähnchengyros mit Austernpilzen und Dip 142
Hähnchenschenkel mit Mojo rojo
    und gebratenem Gemüse 138
Kalte Joghurtsuppe mit Gurke und Harissa 87
Lachsplätzchen mit Granatapfel-Minze-Joghurt 121
Lammragout mit Orange und Zimt 145
Lauchsuppe „Tandoori" mit Mandelcrunch 88
Melonensalat mit Schafskäse, Sonnenblumenkernen
    und Limonenöl 67
Miesmuscheln mit Zitronengras und Limette 122
Peperonata-Salat mit Pilzen und Rucolapesto 68
Pochiertes Ei mit Kohlrabi und
    Meerrettich-Senf-Sauce 106
Quarkcreme mit Chia und Mango 47
Rucolasüppchen mit Kokos 76
Tagliata auf süßem Chilitomaten-Rucola-Salat 134
Thunfischsteak mit Kaiserschoten
    in Kokos-Curry-Sauce 126
Zander mit Parmaschinken und Pilzragout 129

Laktosefrei
Asiatische Vitaminrolle mit Wasabinüssen 97
Geniale Fischsuppe mit Sauce Rouille 95
Hähnchenschenkel mit Mojo rojo
    und gebratenem Gemüse 138
Miesmuscheln mit Zitronengras und Limette 122
Rucolasalat mit Wasabi-Dressing und Nüssen 71
Rucolasüppchen mit Kokos 76
Thunfischsteak mit Kaiserschoten
    in Kokos-Curry-Sauce 126

Vegan
Asiatische Vitaminrolle mit Wasabinüssen 97
Rucolasalat mit Wasabi-Dressing und Nüssen 71

Vegetarisch
Avocadosalat und Ciabatta mit Tomatenmarmelade 52
Cremige Meerrettichsuppe mit Apfel 80
Fitnessrührei mit Hüttenkäse 40
Kalte Joghurtsuppe mit Gurke und Harissa 87
Knusperbrot mit Tomatensalat und roten Zwiebeln 72
Knusprige Käsetaler mit rahmigem
    Gurken-Dill-Salat 105
Lauchsuppe „Tandoori" mit Mandelcrunch 88
Melonensalat mit Schafskäse, Sonnenblumenkernen
    und Limonenöl 67
Peperonata-Salat mit Pilzen und Rucolapesto 68
Pochiertes Ei mit Kohlrabi
    und Meerrettich-Senf-Sauce 106
Quarkcreme mit Chia und Mango 47
Rucolasüppchen mit Kokos 76
Schaumige Chicoréesuppe mit Taleggio 92

V
Vegan
Asiatische Vitaminrolle mit Wasabinüssen 97
Kokos-Reis-Müsli 43
Rucolasalat mit Wasabi-Dressing und Nüssen 71

Vegetarisch
Alpen-Starter 32
Asiatische Vitaminrolle mit Wasabinüssen 97
Avocadosalat und Ciabatta mit Tomatenmarmelade 52
Cremige Meerrettichsuppe mit Apfel 80
Dinkel-Pancakes mit Banane 51
Energy Balls mit Pistazien, Pinienkernen
    und Gojibeeren 157
Fenchelstreifen mit Mandeln und Pecorino-Bulgur 101
Feta mit Couscous und Harissa-Tomaten-Marmelade 110
Fitnessrührei mit Hüttenkäse 40
Fruchtige Kürbiscremesuppe mit Maronen
    und Aprikosen 84
Gefüllte Zucchini mit Taleggio und Kartoffel 98
Joghurt-Smoothie mit Himbeeren 154
Kalte Joghurtsuppe mit Gurke und Harissa 87
Knusperbrot mit Tomatensalat und roten Zwiebeln 72
Knusper-Pistazien-Müsli 48
Knusprige Käsetaler mit rahmigem Gurken-Dill-Salat 105
Lauchsuppe „Tandoori" mit Mandelcrunch 88
Lauwarmer Fenchelsalat mit Aprikose und
    Pecorino-Bulgur 59
Lauwarmer Nudelsalat mit Mozzarella
    und weißen Bohnen 63
Mein Fitness-Birchermüsli 44
Melonensalat mit Schafskäse, Sonnenblumenkernen
    und Limonenöl 67
Müsli-Muffins 161
Müsliriegel 158
Pappardelle mit Feigen, Gorgonzola und Rucola 102
Peperonata-Salat mit Pilzen und Rucolapesto 68
Pochiertes Ei mit Kohlrabi und Meerrettich-Senf-Sauce 106
Power-Nussecken mit Aprikose 162

Quarkcreme mit Chia und Mango 47
Rote Linsensuppe mit Limettenblättern
    und Kokoscrunch 91
Rucola-Risotto mit frittiertem Ei und Zitronenöl 109
Rucolasüppchen mit Kokos 76
Schaumige Chicoréesuppe mit Taleggio 92

Vor dem Sport
Ceviche vom Heilbutt mit Chili, Avocado
    und Knusperbrot 114
Couscous-Salat „1001 Nacht" mit geräuchertem Lachs 75
Kalbsschnitzel mit Zitrone
    und mediterranem Kartoffelpüree 146
Knuspriger Wolfsbarsch mit süßsaurem Spargel
    und grünem Püree 113
Lauwarmer Hirsesalat mit gratinierter Aubergine 60
Mein Nizza-Salat mit Burrata 64
Pappardelle mit Räucherlachs, Trauben und Fenchel 125
Pasta mit Salsiccia und Honigzwiebeln 150
Power-Burger mit Beef und Jalapeño-Quarkcreme 153
Schweinefilet süßsauer mit Meerrettichkartoffeln 149
Spaghetti mit Tintenfisch-Bolognese 117

    Glutenfrei
    Asia-Lachs mit Thai-Nudeln und Limette 133
    Fruchtige Kürbiscremesuppe
      mit Maronen und Aprikosen 84
    Gefüllte Zucchini mit Taleggio und Kartoffel 98
    Hähnchenbrust mit Curry-Bananen-Risotto 141
    Kokos-Reis-Müsli 43
    Mein Fitness-Birchermüsli 44
    Rote Linsensuppe mit Limettenblättern
      und Kokoscrunch 91
    Rucola-Risotto mit frittiertem Ei und Zitronenöl 109

    Laktosefrei
    Asia-Lachs mit Thai-Nudeln und Limette 133
    Kokos-Reis-Müsli 43
    Rote Linsensuppe mit Limettenblättern
      und Kokoscrunch 91

    Vegan
    Kokos-Reis-Müsli 43

    Vegetarisch
    Alpen-Starter 32
    Fenchelstreifen mit Mandeln und Pecorino-Bulgur 101
    Feta mit Couscous und
      Harissa-Tomaten-Marmelade 110
    Fruchtige Kürbiscremesuppe mit Maronen
      und Aprikosen 84
    Gefüllte Zucchini mit Taleggio und Kartoffel 98
    Lauwarmer Fenchelsalat mit Aprikose
      und Pecorino-Bulgur 59
    Lauwarmer Nudelsalat mit Mozzarella
      und weißen Bohnen 63
    Mein Fitness-Birchermüsli 44
    Pappardelle mit Feigen, Gorgonzola und Rucola 102
    Rote Linsensuppe mit Limettenblättern
      und Kokoscrunch 91
    Rucola-Risotto mit frittiertem Ei und Zitronenöl 109

ZUTATENREGISTER

A
Amaranth
    Müsliriegel 158
Apfel
    Cremige Meerrettichsuppe mit Apfel 80
    Mein Fitness-Birchermüsli 44
Aubergine
    Lammragout mit Orange und Zimt 145
    Lauwarmer Hirsesalat mit gratinierter Aubergine 60
Austernpilze
    Gegrillte Pilze mit Limonenmarinade
      und Mozzarella 130
    Hähnchengyros mit Austernpilzen und Dip 142
Avocado
    Asiatische Vitaminrolle mit Wasabinüssen 97
    Avocadobrot mit Bacon und Aprikose 36
    Avocado-Omelette mit Honig 35
    Avocadosalat und Ciabatta mit Tomatenmarmelade 52
    Ceviche vom Heilbutt mit Chili, Avocado
      und Knusperbrot 114

B
Babyspinat
    Knuspriger Wolfsbarsch mit süßsaurem Spargel
      und grünem Püree 113
Banane
    Dinkel-Pancakes mit Banane 51
    Hähnchenbrust mit Curry-Bananen-Risotto 141
Bergkäse
    Alpen-Starter 32
Bitterschokolade
    Power-Nussecken mit Aprikose 162
Bohnen, grüne
    Mein Nizza-Salat mit Burrata 64
Bohnen, weiße
    Lauwarmer Fenchelsalat mit Aprikose
      und Pecorino-Bulgur 59
    Lauwarmer Nudelsalat mit Mozzarella
      und weißen Bohnen 63
Bresaola
    Gourmet-Omelette mit Ziegenfrischkäse
      und Honig-Trauben 137
Bulgur
    Fenchelstreifen mit Mandeln
      und Pecorino-Bulgur 101
    Lauwarmer Fenchelsalat mit Aprikose
      und Pecorino-Bulgur 59
Burrata
    Mein Nizza-Salat mit Burrata 64

C
Champignons
    Gegrillte Pilze mit Limonenmarinade
      und Mozzarella 130
    Gourmet-Spiegelei mit Chorizo 39

Cheddar
    Lauwarmer Hirsesalat mit gratinierter Aubergine 60
Chiasamen
    Energy Balls mit Pistazien, Pinienkernen
        und Gojibeeren 157
    Quarkcreme mit Chia und Mango 47
Chicorée
    Schaumige Chicoréesuppe mit Taleggio 92
Chilischote
    Asia-Lachs mit Thai-Nudeln und Limette 133
    Avocadosalat und Ciabatta
        mit Tomatenmarmelade 52
    Ceviche vom Heilbutt mit Chili, Avocado
        und Knusperbrot 114
    Cremige Tomatensuppe mit Joghurt
        und Parmaschinken 83
    Hähnchenschenkel mit Mojo rojo
        und gebratenem Gemüse 138
    Kräuterforelle im Salzteig mit Salsa 118
    Melonensalat mit Schafskäse,
        Sonnenblumenkernen und Limonenöl 67
    Miesmuscheln mit Zitronengras und Limette 122
    Rucolasüppchen mit Kokos 76
    Spaghetti mit Tintenfisch-Bolognese 117
Chorizo
    Gourmet-Spiegelei mit Chorizo 39
Ciabatta
    Avocadosalat und Ciabatta
        mit Tomatenmarmelade 52
    Ceviche vom Heilbutt mit Chili, Avocado
        und Knusperbrot 114
    Mein Nizza-Salat mit Burrata 64
Couscous
    Couscous-Salat „1001 Nacht" mit
        geräuchertem Lachs 75
    Feta mit Couscous und
        Harissa-Tomaten-Marmelade 110
Crème fraîche
    Basilikumschaumsuppe mit Lachs 79
    Lauchsuppe „Tandoori" mit Mandelcrunch 88
    Schaumige Chicoréesuppe mit Taleggio 92

D
Datteln
    Energy Balls mit Pistazien, Pinienkernen
        und Gojibeeren 157
    Lauwarmer Hirsesalat mit gratinierter Aubergine 60
Dinkelflocken
    Müsliriegel 158
Doppelrahmfrischkäse
    Alpen-Starter 32
    Gegrillte Pilze mit Limonenmarinade
        und Mozzarella 130
    Knusperbrot mit Tomatensalat
        und roten Zwiebeln 72

E
Eier
    Avocado-Omelette mit Honig 35
    Dinkel-Pancakes mit Banane 51
    Feldsalat mit Garnelen und Thunfisch-Aioli 55
    Feta mit Couscous und
        Harissa-Tomaten-Marmelade 110
    Fitnessrührei mit Hüttenkäse 40
    Fitness-Schichtsalat mit Joghurtcreme 56
    Gourmet-Omelette mit Ziegenfrischkäse
        und Honig-Trauben 137
    Gourmet-Spiegelei mit Chorizo 39
    Kräuterforelle im Salzteig mit Salsa 118
    Mein Nizza-Salat mit Burrata 64
    Müsli-Muffins 161
    Pochiertes Ei mit Kohlrabi und
        Meerrettich-Senf-Sauce 106
    Rucola-Risotto mit frittiertem Ei
        und Zitronenöl 109

F
Fenchel
    Fenchelstreifen mit Mandeln
        und Pecorino-Bulgur 101
    Geniale Fischsuppe mit Sauce Rouille 95
    Lauwarmer Fenchelsalat mit Aprikose und
        Pecorino-Bulgur 59
    Pappardelle mit Räucherlachs, Trauben
        und Fenchel 125
Fischfilet
    Geniale Fischsuppe mit Sauce Rouille 95
Forelle
    Kräuterforelle im Salzteig mit Salsa 118
Forellenfilet
    Fitness-Schichtsalat mit Joghurtcreme 56
Frühstücksspeck
    Avocadobrot mit Bacon und Aprikose 36
    Avocado-Omelette mit Honig 35

G
Garnelen
    Feldsalat mit Garnelen und Thunfisch-Aioli 55
Gojibeeren
    Energy Balls mit Pistazien, Pinienkernen
        und Gojibeeren 157
Gorgonzola
    Pappardelle mit Feigen, Gorgonzola und Rucola 102
Gouda
    Fitness-Schichtsalat mit Joghurtcreme 56
    Gourmet-Spiegelei mit Chorizo 39
Granatapfel
    Couscous-Salat „1001 Nacht"
        mit geräuchertem Lachs 75
    Lachsplätzchen mit Granatapfel-Minze-Joghurt 121
    Lauwarmer Hirsesalat mit gratinierter Aubergine 60
    Mein Fitness-Birchermüsli 44
Graubrot
    Knusperbrot mit Tomatensalat
        und roten Zwiebeln 72
Gurke
    Ceviche vom Heilbutt mit Chili, Avocado
        und Knusperbrot 114
    Couscous-Salat „1001 Nacht"
        mit geräuchertem Lachs 75
    Kalte Joghurtsuppe mit Gurke und Harissa 87
    Rucolasalat mit Wasabi-Dressing und Nüssen 71

Zutatenregister **173**

H

Haferflocken
Energy Balls mit Pistazien, Pinienkernen
und Gojibeeren 157
Knusper-Pistazien-Müsli 48
Kokos-Reis-Müsli 43
Mein Fitness-Birchermüsli 44

Hähnchenfleisch
Hähnchenbrust mit Curry-Bananen-Risotto 141
Hähnchengyros mit Austernpilzen und Dip 142
Hähnchenschenkel mit Mojo rojo
und gebratenem Gemüse 138

Haselnusskerne
Müsli-Muffins 161

Heilbuttfilet
Ceviche vom Heilbutt mit Chili, Avocado
und Knusperbrot 114

Himbeeren
Joghurt-Smoothie mit Himbeeren 154
Kokos-Reis-Müsli 43

Hirse
Lauwarmer Hirsesalat mit gratinierter Aubergine 60

Hokkaido-Kürbis
Fruchtige Kürbiscremesuppe mit Maronen
und Aprikosen 84

Hüttenkäse
Avocadobrot mit Bacon und Aprikose 36
Fitnessrührei mit Hüttenkäse 40

K

Kaffir-Limettenblätter
Rote Linsensuppe mit Limettenblättern
und Kokoscrunch 91

Kaiserschoten
Thunfischsteak mit Kaiserschoten
in Kokos-Curry-Sauce 126

Kalbfleisch
Kalbsschnitzel mit Zitrone und mediterranem
Kartoffelpüree 146

Karotte
Asiatische Vitaminrolle mit Wasabinüssen 97
Hähnchenschenkel mit Mojo rojo
und gebratenem Gemüse 138
Spaghetti mit Tintenfisch-Bolognese 117

Kartoffel
Alpen-Starter 32
Gefüllte Zucchini mit Taleggio und Kartoffel 98
Geniale Fischsuppe mit Sauce Rouille 95
Kalbsschnitzel mit Zitrone und mediterranem
Kartoffelpüree 146
Knuspriger Wolfsbarsch mit süßsaurem Spargel
und grünem Püree 113
Mein Nizza-Salat mit Burrata 64
Schweinefilet süßsauer mit Meerrettichkartoffeln 149

Kidneybohnen
Fitness-Schichtsalat mit Joghurtcreme 56

Kirschtomaten
Alpen-Starter 32
Lauwarmer Nudelsalat mit Mozzarella
und weißen Bohnen 63
Rucolasalat mit Wasabi-Dressing und Nüssen 71

Tagliata auf süßem Chilitomaten-Rucola-Salat 134

Knollensellerie
Hähnchenschenkel mit Mojo rojo
und gebratenem Gemüse 138

Kohlrabi
Pochiertes Ei mit Kohlrabi und
Meerrettich-Senf-Sauce 106

Kokoschips
Knusper-Pistazien-Müsli 48

Kokosmilch
Kokos-Reis-Müsli 43
Miesmuscheln mit Zitronengras und Limette 122
Rote Linsensuppe mit Limettenblättern
und Kokoscrunch 91
Rucolasüppchen mit Kokos 76
Thunfischsteak mit Kaiserschoten
in Kokos-Curry-Sauce 126

L

Lachsfilet
Asia-Lachs mit Thai-Nudeln und Limette 133
Basilikumschaumsuppe mit Lachs 79
Couscous-Salat „1001 Nacht"
mit geräuchertem Lachs 75
Lachsplätzchen mit Granatapfel-Minze-Joghurt 121

Lammfleisch
Lammragout mit Orange und Zimt 145

Lauch
Fitness-Schichtsalat mit Joghurtcreme 56
Lauchsuppe „Tandoori" mit Mandelcrunch 88

Leinsamen
Energy Balls mit Pistazien, Pinienkernen
und Gojibeeren 157

Linsen
Rote Linsensuppe mit Limettenblättern
und Kokoscrunch 91

M

Mais
Fitness-Schichtsalat mit Joghurtcreme 56

Mandelkerne
Fenchelstreifen mit Mandeln
und Pecorino-Bulgur 101
Kräuterforelle im Salzteig mit Salsa 118
Lauchsuppe „Tandoori" mit Mandelcrunch 88

Mango
Fitness-Schichtsalat mit Joghurtcreme 56
Quarkcreme mit Chia und Mango 47

Maronen
Fruchtige Kürbiscremesuppe mit Maronen
und Aprikosen 84

Mascarpone
Zander mit Parmaschinken und Pilzragout 129

Meeresfrüchte
Geniale Fischsuppe mit Sauce Rouille 95

Miesmuscheln
Miesmuscheln mit Zitronengras und Limette 122

Milchreis
Kokos-Reis-Müsli 43

Mozzarella
Avocado-Omelette mit Honig 35

Gegrillte Pilze mit Limonenmarinade
   und Mozzarella 130
Lauwarmer Nudelsalat mit Mozzarella
   und weißen Bohnen 63
Mungbohnensprossen
Asiatische Vitaminrolle mit Wasabinüssen 97

N
Naturjoghurt
Feldsalat mit Garnelen und Thunfisch-Aioli 55
Joghurt-Smoothie mit Himbeeren 154
Kalte Joghurtsuppe mit Gurke und Harissa 87
Naturjoghurt, griechischer
Cremige Tomatensuppe mit Joghurt
   und Parmaschinken 83
Fitness-Schichtsalat mit Joghurtcreme 56
Hähnchengyros mit Austernpilzen und Dip 142
Lachsplätzchen mit Granatapfel-Minze-Joghurt 121
Quarkcreme mit Chia und Mango 47
Nudeln
Asia-Lachs mit Thai-Nudeln und Limette 133
Lauwarmer Nudelsalat mit Mozzarella
   und weißen Bohnen 63
Pappardelle mit Feigen, Gorgonzola
   und Rucola 102
Pappardelle mit Räucherlachs, Trauben
   und Fenchel 125
Pasta mit Salsiccia und Honigzwiebeln 150
Spaghetti mit Tintenfisch-Bolognese 117

O
Oliven
Gegrillte Pilze mit Limonenmarinade
   und Mozzarella 130
Kalbsschnitzel mit Zitrone und mediterranem
   Kartoffelpüree 146
Knuspriger Wolfsbarsch mit süßsaurem Spargel
   und grünem Püree 113
Mein Nizza-Salat mit Burrata 64
Melonensalat mit Schafskäse, Sonnenblumenkernen
   und Limonenöl 67
Orange
Lammragout mit Orange und Zimt 145

P
Paprikaschote
Alpen-Starter 32
Feldsalat mit Garnelen und Thunfisch-Aioli 55
Peperonata-Salat mit Pilzen und Rucolapesto 68
Power-Burger mit Beef und Jalapeño-Quarkcreme 153
Schweinefilet süßsauer mit Meerrettichkartoffeln 149
Parmaschinken
Cremige Tomatensuppe mit Joghurt
   und Parmaschinken 83
Feldsalat mit Garnelen und Thunfisch-Aioli 55
Zander mit Parmaschinken und Pilzragout 129
Parmesan
Basilikumschaumsuppe mit Lachs 79
Hähnchenbrust mit Curry-Bananen-Risotto 141
Kalbsschnitzel mit Zitrone
   und mediterranem Kartoffelpüree 146

Knuspriger Wolfsbarsch mit süßsaurem Spargel
   und grünem Püree 113
Peperonata-Salat mit Pilzen und Rucolapesto 68
Power-Burger mit Beef und Jalapeño-Quarkcreme 153
Rucola-Risotto mit frittiertem Ei und Zitronenöl 109
Spaghetti mit Tintenfisch-Bolognese 117
Tagliata auf süßem Chilitomaten-Rucola-Salat 134
Pastinake
Hähnchenschenkel mit Mojo rojo
   und gebratenem Gemüse 138
Pecorino
Fenchelstreifen mit Mandeln und Pecorino-Bulgur 101
Lauwarmer Fenchelsalat mit Aprikose
   und Pecorino-Bulgur 59
Pekannusskerne
Power-Nussecken mit Aprikose 162
Pfifferlinge
Peperonata-Salat mit Pilzen und Rucolapesto 68
Zander mit Parmaschinken und Pilzragout 129
Pinienkerne
Energy Balls mit Pistazien, Pinienkernen
   und Gojibeeren 157
Kalbsschnitzel mit Zitrone und mediterranem
   Kartoffelpüree 146
Knusper-Pistazien-Müsli 48
Knuspriger Wolfsbarsch mit süßsaurem Spargel
   und grünem Püree 113
Lauwarmer Nudelsalat mit Mozzarella
   und weißen Bohnen 63
Pappardelle mit Feigen, Gorgonzola und Rucola 102
Pappardelle mit Räucherlachs, Trauben
   und Fenchel 125
Peperonata-Salat mit Pilzen und Rucolapesto 68
Tagliata auf süßem Chilitomaten-Rucola-Salat 134
Pistazienkerne
Energy Balls mit Pistazien, Pinienkernen
   und Gojibeeren 157
Gourmet-Omelette mit Ziegenfrischkäse
   und Honig-Trauben 137
Knusper-Pistazien-Müsli 48
Mein Fitness-Birchermüsli 44

Q
Quark
Power-Burger mit Beef und Jalapeño-Quarkcreme 153
Quarkcreme mit Chia und Mango 47

R
Räucherlachs
Lachsplätzchen mit Granatapfel-Minze-Joghurt 121
Pappardelle mit Räucherlachs, Trauben und
   Fenchel 125
Ricotta
Rucola-Risotto mit frittiertem Ei und Zitronenöl 109
Rinderhackfleisch
Lauwarmer Hirsesalat mit gratinierter Aubergine 60
Power-Burger mit Beef und Jalapeño-Quarkcreme 153
Rindfleisch
Tagliata auf süßem Chilitomaten-Rucola-Salat 134
Risottoreis
Hähnchenbrust mit Curry-Bananen-Risotto 141

Rucola-Risotto mit frittiertem Ei
  und Zitronenöl 109
Roggenbrot
  Avocadobrot mit Bacon und Aprikose 36
Rucola
  Feta mit Couscous und
    Harissa-Tomaten-Marmelade 110
  Melonensalat mit Schafskäse, Sonnenblumenkernen
    und Limonenöl 67
  Pappardelle mit Feigen, Gorgonzola
    und Rucola 102
  Pasta mit Salsiccia und Honigzwiebeln 150
  Peperonata-Salat mit Pilzen und Rucolapesto 68
  Rucola-Risotto mit frittiertem Ei und Zitronenöl 109
  Rucolasalat mit Wasabi-Dressing und Nüssen 71
  Rucolasüppchen mit Kokos 76
  Tagliata auf süßem Chilitomaten-Rucola-Salat 134

S
Sahne
  Cremige Meerrettichsuppe mit Apfel 80
  Lauchsuppe „Tandoori" mit Mandelcrunch 88
  Mein Fitness-Birchermüsli 44
  Pochiertes Ei mit Kohlrabi und
    Meerrettich-Senf-Sauce 106
  Quarkcreme mit Chia und Mango 47
  Schaumige Chicoréesuppe mit Taleggio 92
  Schweinefilet süßsauer
    mit Meerrettichkartoffeln 149
Sahne, saure
  Lammragout mit Orange und Zimt 145
Salsiccia
  Pasta mit Salsiccia und Honigzwiebeln 150
Schafskäse
  Couscous-Salat „1001 Nacht"
    mit geräuchertem Lachs 75
  Feta mit Couscous und
    Harissa-Tomaten-Marmelade 110
  Melonensalat mit Schafskäse, Sonnenblumenkernen
    und Limonenöl 67
  Pappardelle mit Räucherlachs,
    Trauben und Fenchel 125
Schinken, gekochter
  Fitness-Schichtsalat mit Joghurtcreme 56
Schweinefleisch
  Schweinefilet süßsauer mit Meerrettichkartoffeln 149
Soft-Aprikosen
  Fruchtige Kürbiscremesuppe mit Maronen
    und Aprikosen 84
  Lauwarmer Fenchelsalat mit Aprikose
    und Pecorino-Bulgur 59
  Mein Fitness-Birchermüsli 44
  Müsliriegel 158
  Power-Nussecken mit Aprikose 162
Sonnenblumenkerne
  Melonensalat mit Schafskäse, Sonnenblumenkernen
    und Limonenöl 67
  Müsliriegel 158
Spargel, grüner
  Knuspriger Wolfsbarsch mit süßsaurem Spargel
    und grünem Püree 113

Staudensellerie
  Gourmet-Omelette mit Ziegenfrischkäse
    und Honig-Trauben 137
  Rucola-Risotto mit frittiertem Ei
    und Zitronenöl 109

T
Taleggio
  Schaumige Chicoréesuppe mit Taleggio 92
Thunfisch
  Feldsalat mit Garnelen und Thunfisch-Aioli 55
  Mein Nizza-Salat mit Burrata 64
  Thunfischsteak mit Kaiserschoten
    in Kokos-Curry-Sauce 126
Tintenfischtuben
  Spaghetti mit Tintenfisch-Bolognese 117
Tomate
  Avocadosalat und Ciabatta
    mit Tomatenmarmelade 52
  Cremige Tomatensuppe mit Joghurt
    und Parmaschinken 83
  Feta mit Couscous und
    Harissa-Tomaten-Marmelade 110
  Fitnessrührei mit Hüttenkäse 40
  Knusperbrot mit Tomatensalat
    und roten Zwiebeln 72

V
Vollkornbrot
  Alpen-Starter 32

W
Walnusskerne
  Feldsalat mit Garnelen und Thunfisch-Aioli 55
Wasabinüsse
  Asiatische Vitaminrolle mit Wasabinüssen 97
  Rucolasalat mit Wasabi-Dressing
    und Nüssen 71
Wassermelone
  Melonensalat mit Schafskäse, Sonnenblumenkernen
    und Limonenöl 67
Weintrauben
  Gourmet-Omelette mit Ziegenfrischkäse
    und Honig-Trauben 137
  Pappardelle mit Räucherlachs, Trauben
    und Fenchel 125
Weißkohl
  Asiatische Vitaminrolle mit Wasabinüssen 97
Wolfsbarschfilet
  Knuspriger Wolfsbarsch mit süßsaurem Spargel
    und grünem Püree 113

Z
Zanderfilet
  Zander mit Parmaschinken und Pilzragout 129
Ziegenfrischkäse
  Gourmet-Omelette mit Ziegenfrischkäse
    und Honig-Trauben 137
Zucchini
  Gefüllte Zucchini mit Taleggio und Kartoffel 98
  Schweinefilet süßsauer mit Meerrettichkartoffeln 149

Der Verlag dankt allen Beteiligten, die durch ihre Mithilfe und Unterstützung zum Gelingen dieses Buches beigetragen haben. Für ihre unermüdlichen Bemühungen um die außerordentliche Qualität danken wir unseren Mitarbeitern Johanna Hänichen, Justyna Schwertner, Melanie van Bentum, Ellen Schlüter, Philine Anastasopoulos, Maja Filipek, Anne Krause, Katerina Stegemann, Annika Steinacker und Valerie Mayer.

IMPRESSUM

Originalausgabe Becker Joest Volk Verlag GmbH & Co. KG
Bahnhofsallee 5, 40721 Hilden, Deutschland
© 2019 – alle Rechte vorbehalten
1. Auflage März 2019
ISBN 978-3-95453-165-3

Ausführliche Infos
Seite 164

Autor Christian Henze
Food-Fotografie Hubertus Schüler
Assistenz Benedikt Obermeier
Foodstyling Stefan Mungenast
Porträts Christian Henze Kay Johannsen
Porträt Prof. Dr. med. Martin Halle Nicki Schäfer, www.lichtmaedchen.de
Porträt Tobias Kofferschläger Dipl.-Des. Justyna Schwertner
Bild Seite 10 BR/Hörhager
Interviews Prof. Dr. med. Martin Halle und Tobias Kofferschläger
Projektleitung Johanna Hänichen
Koordination Fachlektorat und Nährwertberechnung
Philine Anastasopoulos
Titel-, Rezeptgestaltung Dipl.-Des. Justyna Schwertner
Satz, Grafiken und Layout Dipl.-Des. Melanie van Bentum
Bildbearbeitung, Lithografie
Ellen Schlüter und Makro Chroma Joest & Volk OHG, Werbeagentur
Lektorat Doreen Köstler
Fachlektorat Rezepte Şebnem Yavuz
Druck Himmer GmbH Druckerei & Verlag

BECKER JOEST VOLK VERLAG
www.bjvv.de

In Lizenz der
BRmedia
Service GmbH